雑誌のカタチ

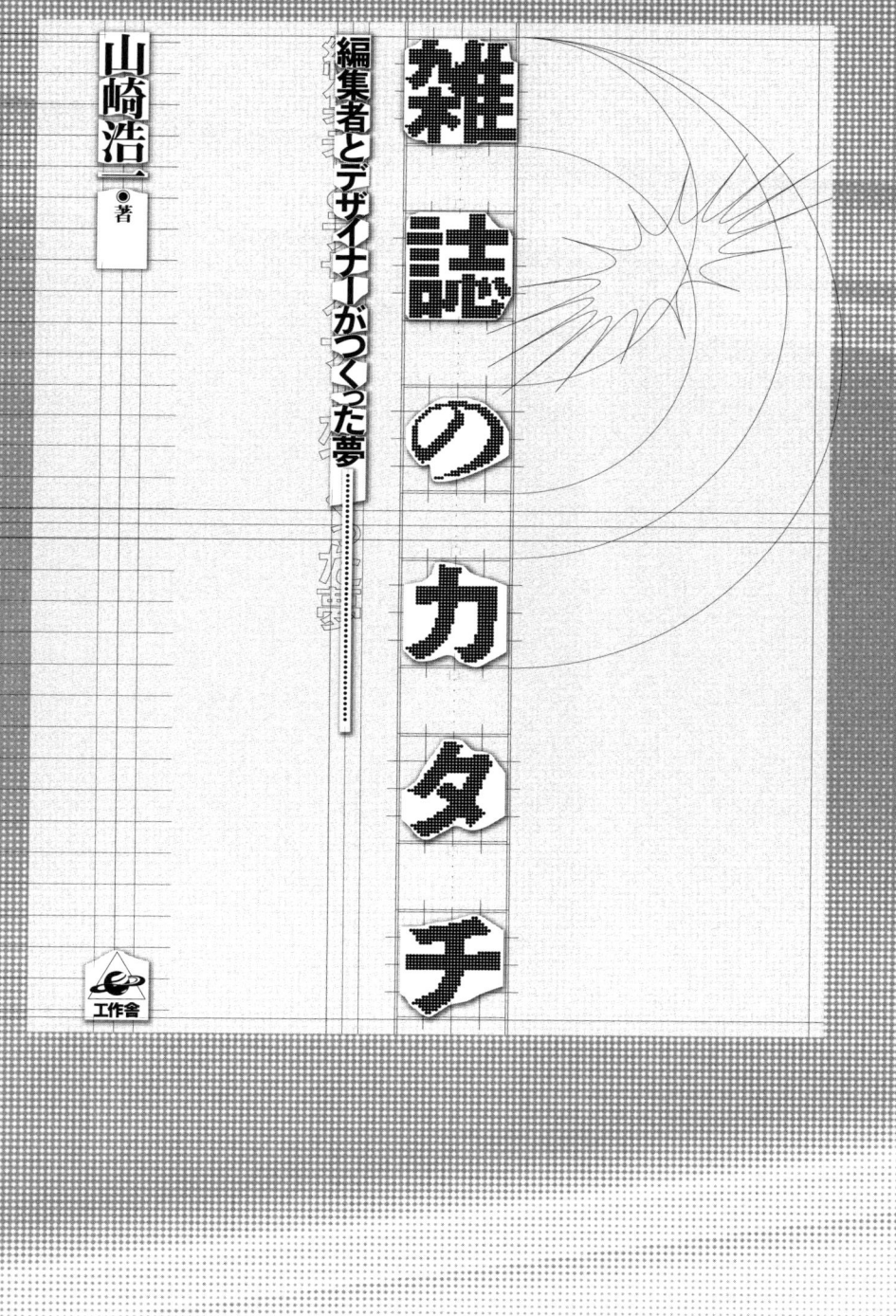

編集者とデザイナーがつくった夢

山崎浩一◉著

工作舎

目次

【序論】

反懐古的(アンチ)雑誌論序説――「一歩先」の未来への予感

序論

反（アンチ）懐古的雑誌論序説

「一歩先」の未来への予感

起きつつある何か新しいこと

雑誌というメディアに初めて接した当時、おそらくだれもがふと抱きながら、やがて忘れてしまうひとつの素朴な疑問があったはずだ。たとえば月刊誌の場合、「来月」号は「今月」に発売される。「新年」号が発売されるのは、たいていの場合「旧年」の一二月上旬ということになっている。少年時代に毎月購読していた学研の『学習』『科学』も小学館の『ボーイズライフ』も光文社の『少年』も、まだ「今年」の一二月初めだというのに「新年おめでとう」などと気の早い新年特大号を出していた。週刊誌である『少年マガジン』『少年サンデー』も、発行日は常に発売日の一週間後。つまり雑誌の中では、いつも一ヵ月あるいは一週間、時間が先行しているわけだ。

よくよく考えればちょっと不思議なはずなのだが、だれもそれを不思議がる様子もない。毎年、講談社や小学館や学研の学習誌を手にしながら、三月発売の四月号で新学年の準備をし、六月発売の七月号で夏休みの計画を立て、一二月発売の新年号で新年への抱負や決意を新たにするうちに、やがてそんな「雑誌的タイムラグ」が身体に刷り込まれてしまったようだ。

今さら何を言い出すのかと笑われそうなのだが、「雑誌の中には常に近未来の時間が流れている」という潜在意識化した幻想が、実は雑誌というメディアに対する私たちのイメージに、意外に浅からぬ影響を及ぼしてきたんじゃないだろうか。私たちに雑誌を読ませ続けてきた要因の、それが何パーセントかを占めているんじゃないだろうか。雑誌は常に読者よりも一歩先を歩いていて、いつも「近未来からのメッセージやインフォメーション」を送ってきて読者をリードしてくれる……と、そんな雑

★——一二月の初めに刊行される新年特大号。写真は『少年』一九六八年一月号（光文社）

誌的時間幻想がもしもまったく存在しなかったなら、ラジオ・テレビという「リアルタイム」のニューメディアに、印刷メディアの固有性だけで、雑誌というオールドメディアがここまでしぶとく対抗（または共存共栄）してこれたかどうか。

そもそも印刷メディアは、「現実のリアルタイム」に対して宿命的な時間的ハンディを負っている。新年号は一二月どころか、さらに一ヵ月遡った一一月に編集・入稿されていたりするのだ。実はそんな錯綜したタイムパラドックスが、「リアルタイム」に対抗できる最大のメリットにもなっていた。それは雑誌自身にとって、グーテンベルク以来の印刷メディアとしてのアイデンティティよりも、重要なことだったのかもしれない。

テレビが「一家に一台」の時代になってからも、「時代を先導し扇動した」と言われる先鋭的メディアは、いつも雑誌界から登場し続けていた。一九六〇年代の『平凡パンチ』『朝日ジャーナル』、七〇年代の『an・an』『ぴあ』『ワンダーランド』（→『宝島』）『POPEYE』……。「何か新しいことが起きつつある」という一歩先の未来を予感させてくれるのは、常に雑誌だったのだ。「リアルタイム」はむしろその後を追いかけていた。

そして、さらに重要だったのは、「起きつつある何か新しいこと」に参加し「一歩先の未来の予感」を共有したい読者にとって、雑誌がただの情報メディアを超えた〈共同体〉になりえていたことだろう。もちろん今思えば、それらが〈幻想の共同体〉だったとしても、だ。そもそも人々に「幻想を抱けるパワー＝幻想力」すらない場所に、どんな形であれ〈共同体〉など成立するはずがないのだから。少なくともある種の雑誌を購読するという行為は、単なる情報消費行動を超えた〈共同体〉への参加表明であり、ある雑誌の読者であるということは、同じ情報やメッセージを肯定的に共有する〈共同体〉の成員であることを意味していた、そんな時代が確かにあったのだ。

そして、ここでもまた、雑誌というメディアが宿命的に孕むハンディが、逆に大きなメリットになる。つまり、しょせんは浮き世の中に読み捨てられる「消えもの」である運命を背負うメディアだからこそ、そこに序列的・蓄積的な読書リテラシーを超越した対等で開放的な参加が促され、それが〈共同体〉そのものを持続・発展させる力になるのだ。この意味では、雑誌は同じ印刷メディアである書籍よりも、むしろテレビ・ラジオに近い。雑誌は両者の特性を併せ持つハイブリッドなメディアなのだ。「雑誌は継続こそが力」とは、つまりそういうことだった。雑誌的リアルタイムの中で「起きつつある何か新しいこと」に参加し続けること——それこそが雑誌読者の最高の快楽であり、雑誌というメディアが媒介できる最強の商品だったはずなのだ。

雑誌が持ちえた〈共同幻想力〉

いや、わかっている。確かになんだかイヤな書き方をしている。「はいはい、わかりましたよ。ようするに昔の、七〇年代までの雑誌は〈共同体〉を生み出すだけのパワーがあったけど、今どきの雑誌は細分化されたタコツボ的趣味媒体や広告媒体でしかない、編集者もサラリーマン化してなんたらかんたら、とグチりたいわけですね」という声もどこかから聞こえてきそうだ。

誤解されないうちに（とっくに誤解されているはずだが）言っておくと、私は「かつて雑誌の黄金時代があった」だの「今の雑誌界は凋落・堕落している」だのと業界オヤジ風を吹かせるためにこれを書いているわけでもないし、そう思ってさえいない。なんだかんだ言っても、メジャー誌から個人誌までこれだけ（どれだけか正確にはわからないほど）の雑誌が発行され続けている国は希有のはずだし、それよりなにより「雑誌の部数や売り上げが落ちる」ことが即「雑誌というメディアの凋落」を意味するわけではない。ここまでの話にも、そういう「量」の問題は出てこなかったはずだ。むしろ今日の雑誌が抱える問題がいつも「量」の問題に安易に還元されてしまうことこそが、雑誌界の危機的状況を物語っているのかもしれない。「雑誌というメディア」の問題と「雑誌業界」の問題とは、もちろん複雑に絡み合うものだとしても、両者をごっちゃにしてはいけないのだ。

ここに奇しくも二〇〇二年の同時期に発刊された、よく似たタイトルの二冊の本がある。佐藤卓己の『「キング」の時代――国民大衆雑誌の公共性』（岩波書店）と赤田祐一『証言構成「ポパイ」の時代――ある雑誌の奇妙な航海』（太田出版）。前者は一九二〇年代後半～四〇年代に黄金期を築いた講談社の〝伝説的国民雑誌〟、後者は七〇年代後半にやはり黄金期を築いた「今も存続するにもかかわらず伝説化」しているマガジンハウス（当時は「平凡出版」）のシティボーイのためのカルチャー誌を、それぞれ検証している本だ。扱う雑誌も時代も互いに似ても似つかないにもかかわらず、それぞれの雑誌が生み出した〈共同体の物語〉である共通点が、実に興味深い。ただし前者は主に受け手側の問題として、後者は主に送り手側の問題として、それが検証されているのも面白い。

もちろんだからといって、戦前のファシズム期に「大衆を国民化して動員・扇動」する役割をはたした日本初の一〇〇万雑誌と、バブル前夜の成熟消費社会化の時代に「サブカルチャーを初めてメジャー

★――国際日本文化研究センター助教授・佐藤卓己のメディア史研究書『「キング」の時代――国民大衆雑誌の公共性』（岩波書店・二〇〇二年）

★――元『クイック・ジャパン』編集長・赤田祐一の『証言構成「ポパイ」の時代――ある雑誌の奇妙な航海』（太田出版・二〇〇二年）

商品化」することに成功した六〇万（最盛期）雑誌とを、同列に論じるのはあまりに乱暴だろう。けれども同じ二〇〇二年に、雑誌というメディアが持ちうる〈共同幻想力〉を再認識する本が二冊同時に発刊されるというのも、ただの偶然だけとも思えないのだ。もっとも五七年廃刊の『キング』の方は、さすがに私も実物を読んだことがないので「再認識」するにも限界がある。より実感的に「再認識」を著者と共有できるのは、やはり私自身も曲がりなりにもフリーランスとして編集に関わっていた初期『POPEYE』ということになる。

当時の編集者・ライターの証言で構成された『「ポパイ」の時代』は、一見ただの懐旧談の寄せ集めだ。その内容そのものに「現在の尺度」で参考にできる雑誌作りのノウハウが詰まっているわけではない。雑誌にまつわる時代・企業・個人の各要素も未整理なまま、それぞれの証言・記憶の食い違いも放置されたまま、という意味では「検証」の域にも達していないかもしれない。現状を批判するために「黄金伝説」を美化・誇張しようとする傾向も垣間見える（少なくとも、私個人に関する松尾多一郎の「証言」はまったくのデタラメか事実誤認である、と私事で恐縮だが、これだけは言っておきたい。もちろんそれもまた「オーラル・ヒストリーの面白さ」なのだろうが、それを笑ってすませるか否かは、また別の話だ）。

が、にもかかわらず、この本が当時の『POPEYE』という雑誌が生み出しえた奇跡的なまでの〈共同幻想力〉をリアルに伝えることに成功しているとすれば、それは著者＝当時の愛読者・赤田祐一の「異常な愛情」の賜物だろう。つまり本書と著者自身こそが、そんな『POPEYE』幻想共同体から生み出された、おそらく最後かつ最大の産物なのである。一冊の雑誌（それも最初の五〇号）が読者の人生を「奇妙な航海」へといざなってしまうほどの力を持ちえた……いや、持ちうることのナマナマしい物証としてこそ、この本には価値があるのだと思う。ある意味では、これは『POPEYE』幻想を永遠に葬り去るための、トドメの一撃でもあるのかもしれない。

あのような雑誌が六〇万もの読者を獲得できる時代は、おそらくもうこないのだろう。でも、そんな時代が「良き時代」であるとは限らない。「雑誌は時代を先導＝扇動できる」「一冊の雑誌が巨大なパワーを持ちうる」「そのためには部数をより伸ばさなければならない」「広告もより多く取らなければならない」……そんな拡大再生産の迷信や神話に支配されていた暗黒時代。実はそれこそが黄金時代のもうひとつの側面だったかもしれない。

雑誌観の転換が迫られている

今、なんだかんだ言われながらも、ありとあらゆるタテ割りジャンルのほぼすべてに、それなりの「専門情報誌」が存在している。ある特定ジャンルの最新情報がほしいとき、そのニーズやテイストにそれなりの水準で応えてくれる雑誌は、必ずどこかに存在していると言っても過言ではないだろう。「情報論的な視座」から見れば、情報検索の選択肢としての雑誌は、実はほぼ飽和状態と言ってよいほど出揃っているのだ。〈健康〉という項目を検索すれば、『壮快』から『Tarzan』まで、多様なアイテムにアクセスできるし、〈コンピュータ〉なら『日経パソコン』から『YAHOO! Internet Guide』まで、さまざまなレベルや趣味に対応できる雑誌が書店で手に入るはずなのだ。

にもかかわらず、私たちが「雑誌の黄金時代」を幻想的に懐古したり、「なんだか読む雑誌がないな」

★——細分化された専門誌にスポットライトをあてた『編集会議』二〇〇三年三月号の特集《企画に役立つ専門誌ベスト100》

という漠たる雑誌飢餓感を心のどこかでくすぶらせているのだとすれば、やはり送り手側と受け手側（あまり使いたくない言葉なのだが）との間に、なんらかの〈雑誌観の乖離〉が存在するのだろう。おそらくそれは「情報論的な視座」からは、けっして見えてこない。

試しに仮説的な命題をひとつ立ててみよう。「『雑誌の黄金時代』とは、かつての〈雑誌的なるもの〉を雑誌だけが独占できていた時代のことである」と。たとえばテレビのバラエティ情報番組は、ほぼ〈雑誌的〉に作られている。インタビューや取材VTRが編集され、ページを繰るように多様かつ雑多なコーナーで構成され、街の話題やコラムが挿入される。たとえばネットの〈2ちゃんねる〉のような巨大掲示板では、あらゆるジャンルの虚々実々の「専門誌的」情報が飛び交い、さながらかつての「雑誌読者欄」のマルチアクティブ版のような〈共同体〉（もちろん「幻想の」であっても）が形成されている。そもそも多様なウェブサイトそのものが、基本的に〈雑誌的〉な発想と要素で作られてもいる。つまり、あらゆる後発メディアが〈雑誌〉になってしまったのだ。

そう考えれば、今はたして雑誌というメディアだけに残されている〈雑誌的なるもの〉とはいったい何なのだろうか？——という最終的な疑問または突破口へと行き当たる。つまりそれこそが今、私たちが漠然と抱いている雑誌への飢餓感の正体であり解答である、ということだ。

雑誌を買うとき、私たちは何百円かの対価をいったい何に対して払おうとするのか？ ザラ紙の手触り、ページを繰る感覚といったフェティシズムか。書籍のストック情報とは異質の「フロー情報の活字文化」へのこだわりか。例の「一歩先」を追いかける雑誌的近未来への予感か。あるいは、ただ有能なプロフェッショナル編集者たちの良質な仕事にさえ出会えれば、それが雑誌という形態である必

★——雑誌飢餓感に応える「雑誌をテーマにした特集」の数々。右から『BRUTUS』二〇〇三年九／一号（マガジンハウス）、『STUDIO VOICE』二〇〇四年三月号（インファス）、『pen』二〇〇六年四／一五号（阪急コミュニケーションズ）

要はもはやないのか……。

たとえば、さまざまな雑誌に書評や読書コラムを書いていると、いつも素朴な疑問を抱く。なぜあらゆる雑誌の書評欄が、新刊書ばかり扱わなければならないのか、と。「今」だからこそ読者に知らせたい、読んでほしい旧刊書はいくらでもあるのに。むしろ、それこそが「最新読書情報」であるべきなんじゃないだろうか。

今、私が雑誌に抱いている最も大きな飢餓感も、おそらくそんな疑問に通底している。これまでの雑誌が宿命的に孕んでいた（と雑誌自身が思い込んでいただけなのだが）ジャンルや読者層の細分化志向、ネオフィリア（新奇強迫症）的なまでの先見志向に縛られず、あらゆる時空を横断しながら、世界をまったく新たな視座からパラレルに、トータルに見せてくれるような雑誌。そんな雑誌があってほしいと思う。いや、それは既成のオヤジ総合誌やオピニオン誌のことではない。専門誌やオタク雑誌の体裁であってもかまわないのだ。読み続け、読み捨てているうちに、いつの間にかタテ割りのジャンルも、ヨコ割りの読者層も、「雑誌的リアルタイム」も「雑誌的共同体」も跳び超えて、もうひとつ別のトータルな世界観へと視界がリンクしていくような、そんな眩暈を感じさせてくれる雑誌……。

デジタル社会の中の雑誌の〈カタチ〉

リンクと言えば、今さら私が雑誌というメディア——とりわけ雑誌という〈カタチ〉——にあらためて着目しなおしてみたい、と思ったきっかけのひとつに、まったく新しいメディアであるインターネットとの出会いがあったことは言うまでもない。

新しいメディアの登場によって既成のメディアが再定義・再自己同一化を迫られる、というのはもちろん「今さら」の話ではある。新しいメディアが出現するたびに、それまでのあらゆる既成メディアがなんらかの変質・変革を迫られ、既得権益を脅かされ、逆にそれをバネにして新地平を開拓してもきた。そして、その新しかったメディアも、さらに新しいメディアの出現によって、また同じ経験にさらされる……。「ニュー」と「オールド」の弁証法的な再配置・再構築の繰り返しによって、現在のメディア環境が作り上げられてきたのだった。

が、しかし、インターネットが代表するデジタルメディアの出現と波及は、これまでとちょっと次元と様相が違っていた。

たとえばかつて文字情報は、石板やパピルスや紙に刻まれることによって成立していた。画像情報は、フィルム・印画紙や磁気テープに焼き付けられることによって成立していた。音声情報もまた、シェラックや塩化ビニール盤や磁気テープに刻まれることによって、私たちの日常世界へと運ばれてきた。つまりあらゆる情報が、なんらかの物質性・質料性に支えられていた、または「支配」されていたのだった。

雑誌というメディアも、言うまでもなく紙・インク・接着具といった〈物質〉があって初めて存在し、流通し、機能することができたわけだ。

ところがインターネットの世界では、文字情報も画像・動画情報も音声情報も、あらゆる情報が0と1の均質なデジタル情報に一元化されて、既成のメディア的差異や領分を軽々と跳び越えて、私たちのデスクトップやモバイル端末の間を飛び交っている。物質と形態から「解放」された情報は、しかもタイムラグのない光の伝達速度と送り手→受け手の階層関係を無化する双方向性を兼ね備えてもいる。

と、こんなことを言えば、なんだか八〇年代の懐かしい「ニューメディア」幻想みたいなデジャヴュ感も抱けるわけだが、さすがに実際に実用化・日常化されてしまうと、あらためてその本当の意味を実感できる。これはやはりたいした事件だったのである。

電車の中吊り広告や新聞広告、あるいは店頭に並べられた表紙の惹句の中に、興味をそそられるひとつかふたつのキーワード・人名を発見して、その雑誌を購入してページを繰る。そして、おそらく数日から数週間前に書かれたであろう記事を読む――GoogleやYahooの検索エンジンを使い慣れてしまうと、そんなプロセスがなんとも冗長でかったるいものに思えてきてしまう。『スター・ウォーズ』で育った子どもたちが、もはや『2001年宇宙の旅』の牛歩テンポに耐えられないように。

キーボードから二〜三のキーワードを入力してワンクリックさえすれば、その記事の元ネタである情報ソースにさえアクセスできるし、また「無料」（ではもちろんないのだが、厳密には）でダウンロードしてハードディスクに保存したり、テキストや画像を「雑誌なみ」の高解像度でプリントアウトすることもできる。それらを集めて編集・製本すれば「自分だけのオリジナル・マガジン」さえ一丁上がり！興味の対象外である「その他の雑誌記事」とも無限に近い「不要なネット情報」とも一切関わらずに、リアルタイムで「雑誌なみかそれ以上」の最新情報を収集することができるのだ。さらにリンクをたどって関連情報や資料情報にアクセスしてもいい。その中には商業誌では読めない禁忌（タブー）情報さえあるかもしれない。おまけに、そのサイトに掲示板やコメント欄が付設されていれば、その情報の確度を検証したり、それについて不特定多数のユーザーと議論したりもできる。そう、雑誌の読者欄や投稿欄や編集部への電話なんぞよりも、はるかに「民主的」に。

この降って湧いた情報民主主義環境に、まるで革命に遭遇した無邪気な左翼青年（これはさすがに年齢詐称だな）のように有頂天になった私が、いっときネット依存症を患ってしまったのも無理からぬことであった。雑誌のヘビーユーザーだったはずの私の雑誌購読量も、ほぼ半減した。「最近、面白い雑誌が少ない」だの「似たり寄ったりの雑誌ばかりだ」だのという不平不満も、多分にそんな症状に後押しされたものだったかもしれない。

確かにネットの普及によって最もワリを食わされたメディアが、実は雑誌だったのかもしれない。たとえば書物というメディアの形態は、ネットのデジタル情報から独立したアイデンティティをなんとか留保できるだけの「距離」を保てているように思える。書物は、それが扱うネタが「むしろタイムラグを必要とする非即時的情報」であるがゆえに、かえってデジタル情報革命の波に耐えることができるのだ、たぶん。誤解しないでほしいのは、それがあくまでも「書物というメディア形態」の話であって「書籍出版業界の業態」の話ではないこと。つまり出版社が「慢性的な出版不況」によって倒産したり、デジタル化に遅れまいと電子ブックやCD-ROMやオンデマンドに移行して失敗したり成功したり……というのは、また別の話だ。

おそらく書物の〈カタチ〉は、たとえ情報のデジタル化＝脱物質化が進行すればするほど、かえってその物質性・存在感を際立たせることができるほどの「伝統」と「成熟度」を備えている、はずなのだ。

メディアとしての年期が違うのである。昨今、大長編のミステリーやファンタジーが広範な読者を獲得したり、モバイル端末サイズの新書が書籍のスタンダードと化していることも、その善し悪し、好き嫌いは別にして、そんな書物の物質性が再認識されていることを物語る現象であるように思える。くどいようだが、それと出版界の業績や景気は別問題である。

さて一方、雑誌という〈カタチ〉は、どうなのだろうか?

雑誌もまた書物と同様に〈グーテンベルクの銀河系〉の一翼を担ってきたメディアではある。しかし、書物とは似て非なるメディアでもある。

端的に言ってしまえば、雑誌というメディアはかなり「ネット寄り」の、または「ネットと競合する」、あるいは「ネットとキャラがかぶる」特性と形態をもともと備えていた。特に七〇年代以降、情報誌、ヴィジュアル誌、マルチメディア誌（映像・音楽とのリンクアップ）、ジャンルや趣味（カルチャー）によってセグメント化されたクラスマガジン等が続々登場し、雑誌界全体がそれらの志向を強めてからは、現在のインターネットが備える機能のかなりの部分を「代替」していたと言っていい。逆に言えば、雑誌自らが「やがてネットに継承される機能」を着々と開発・準備していた、とも言える。

このことは別に雑誌にとっての皮肉でもなんでもなく、情報消費社会化やメディアミックス化という西側先進国に共通するメガトレンドの中に、雑誌の作り手も読者もいたというだけのことだろう。それは新雑誌の多くが、直接・間接、意識的・無意識とを問わず、主にアメリカを始めとする欧米誌をイメージモデルにすることができた時代でもあった。

読者たちは趣味、関心、世代、性別等にセグメント化された雑誌を「検索」し、隔週化・週刊化でタイムラグの縮まった「そこそこリアルタイム」の最新情報（または「半歩先」の未来情報）を、高画質の「画像」とともにブラウジングし、ある一定の趣味や価値観によって編集されたコラムや記事へと「リンク」をたどり、時には「ファイルに保存」し、時には投稿欄に「カキコ」することによって共同体気分を味わい、あるいはそのまま読み捨てる。また来週か再来週になれば、それは「更新」されるのだから……。

雑誌というメディアは、ある意味で「書物の形態とネットの機能を併せ持った中間的メディア」とも言える。書物の一方向性と固定性＝啓蒙性と権威性。ネットの流動性と即時性＝開放性と同時代性。それは逆に言えば、かなり曖昧かつ微妙なポジショニングでもある。ネットの登場以後、雑誌というメディアがアイデンティティ・クライシスに陥っているように見えるのも、出版・広告不況のせいだけではあるまい。もちろんそれ以前（特にバブル以後）から、すでに雑誌はマーケティング先行主義と広告至上主義によって自爆している、という意見もあるだろう。が、それもまた別の話である（ちなみに故・植草甚一は和洋問わず雑誌を買うと、片っ端から広告ページを破り捨てながら読み進めるのが習いだった、という。なるほど確かにそうやって最後に残るものこそが雑誌の真の〈カタチ〉というものだ）。

しかし一方で、だからこそインターネットの登場は雑誌というメディアにとっての奇貨ともなりうる――という逆説も成り立つのだ。

「雑誌黄金時代」へのノスタルジーを超えて

「昔は面白い雑誌が山ほどあった」「今の雑誌はつまらない」――当の雑誌作りに関わっているはずの

立場を棚に上げて、つい自分の口から漏れてくるそんな懐古的な愚痴は、おそらく半分は当たっているが半分は「不当」なものなのだと思う。少なくとも、現在の雑誌にとってフェアなものではない。

雑誌が時間・時代の流れにシンクロした「フロー情報」を主に扱うメディアである限り、その価値はその雑誌が「リアルタイム」で読まれていた時代にタイムスリップでもしてみない限り、正確には測れない。雑誌は時代とともに生きる生物（いきもの）であり生物（なまもの）なのだ。それを無視して一律に比べてしまうのは、「六〇〜七〇年代のロックはすごかった。それに比べて……」というロック中年の酒飲み話や、戦前の日本人を一方的に聖人視して崇めたり罪人視して断罪したりする歴史論争と同じくらい不当かつ不毛なものだろう。まあ、酒席でならかまわないとは思うが。

特に私くらいの世代が多感な年頃に出会った雑誌たちが放っていたオーラは、当時の時代背景を背負って初めて可視化するものだったはずだ。そしてそれは「情報の寡占・遍在」や「外部の存在」の上に初めて成立するものでもあった。ようするに「無知な読者たちの知らない世界へのアクセス権を独占する特権的な人々（またはその「情熱」を持つ人々）が、その世界から拾ってきたお宝情報の束」こそが、当時の輝かしき雑誌の正体だったのだ。

……と、今度はわが身にくすぶるノスタルジーを排除したいあまり、当時の雑誌職人たちをやや不当に貶める断定になってしまったかもしれない。が、今のネット社会側から見れば、やはりそういうことになるのだと思う。やや美しすぎる「雑誌黄金時代」へのノスタルジーには、突拍子もない比喩を許してもらえれば、どこかワイマール時代のドイツ人やソ連崩壊後のロシア人のような「自由からの逃走」心理が潜んでいるようにさえ思える。

★――『男性誌黄金時代へタイムトリップ』と題した筆者の回顧録。『Title』二〇〇一年四月号・特集《雑誌チュー毒読まずにはいられない！》に掲載

いくつかの「旬」の雑誌の発売日を待ってさえいれば、情報と趣味のテクノクラートたちがその「賢い選択」も「巧みな編集」も「正しい解釈」もすべてパッケージにして定期的に投下してくれた、それはある意味で情報階級社会のようなものだったかもしれない。それに一方的に依存さえしていれば、一定の時代・世代・共同体に帰属する安心感も得られたかもしれない。彼らは確かに「俺たちパンチ野郎」だの「ぼくたちシティボーイ」だのと甘い連帯の挨拶を送ってくれていた。

今、そんな雑誌が消えてしまったのだとすれば、それもまた歴史の必然でもあり、同時に「俺たち」や「ぼくたち」自身の選択でもあったはずなのだ。ある人は「雑誌がつまらなくなったのだ」と言う。ある人は「昔ほどの部数が必要とされなくなったのだ」と言う。ある人は「読者があまりに細分化されすぎてしまったのだ」と言う。ある人は「雑誌というカタチそのものが時代に合わなくなったのだ」と言う。どれも本当なのかもしれないし、どれも少しずつ違っているのかもしれない。

ひとつ確かなことがあるとすれば、雑誌がそのように語られる時代に、今、私たちが遭遇していることだ。雑誌が輝いていた「雑誌黄金時代」へのノスタルジーが創られる時代に。注意しておかなければいけないのは、それが同時に「今後、雑誌とは何でありうるのか、あるべきなのか?」を再考する好機でもあること。そして、そのためには過剰なノスタルジーは不要または逆効果であるということ。せっかく「雑誌からの自由」を獲得しえた「雑誌への眼差し」を、美しすぎる光で眩ませることはないのだ。

これからも雑誌を生活の糧にしていかなきゃならない「雑誌人」(もちろん私もその一味)であるなら、なおのこと。

★――「俺たちパンチ野郎」のイメージが表現された『平凡パンチ』一九六六年一〇／二四号(平凡出版)

★――「ぼくたちシティボーイ」のイメージが表現された『POPEYE』一九八〇年七／二五号(平凡出版)

雑誌＝定量化できない幻想

「あらゆる人が出版社」——新しい千年紀が始まってわずか五年、マーシャル・マクルーハンのこの言葉は、現実味を増すという段階を通り越し、もはや現実となっている。ホームページ、電子掲示板、メルマガ、ウェブログ、ポッドキャスティング……。次々と繰り出される電子コミュニケーションのテクノロジー。一九九七年一一月、『週刊アスキー』新創刊の時点で、一体どれだけの人が、現在の状況を予測できただろう？（中略）

もっとも変わったのは雑誌編集者の役割かもしれない。「情報を伝達する」仕事のメインストリームはネットに移行し、定量化できない部分だけが雑誌に残った。それは恐らく「幻想」としか呼びようのないもので、これを上手く使って成功した雑誌がある一方で、たくさんの雑誌が輝きと力を失い消えていった。

——奇跡。だから「一億冊」という数字を聞いたとき、次に思い浮かんだのはこの言葉だった。そう、僕たちは生き残った。ほとんど奇跡的に。

「あらゆる人が出版社」という時代はつまり、すべての人が編集者になる時代だ。プロとアマの境界は限りなく曖昧になり、商業誌が商業誌として成立する要件は厳しくなった。検索ボタンをクリックするだけで手に入る情報を、誰がわざわざ本屋さんに出かけてお金を出して買うというのだろう。（『週刊アスキー』編集人・福岡俊弘＝同誌二〇〇五年一二月二〇日一億冊突破記念感謝号巻

頭「一億冊のワンダーランド」より）

デジタルメディアと雑誌との狭間という、さらに微妙なポジションを保つ編集者のこの言葉は、雑誌というメディアが直面しつつある未来の「光と影」の両面を暗示している。「定量化できない部分＝『幻想』としか呼びようのないもの」こそが、雑誌に残された最後の、そして最大の光明であるらしい。いや、むしろそれこそが、これまでは情報の厚い皮膜の下に隠されていた「雑誌のコア」だったに違いない。

それがいったい何であるのかが、すぐにわかれば編集者に苦労はない。おそらくあらゆる雑誌の編集者たちが、今、それを模索するために「タマネギの皮むき」のような試行錯誤を繰り返していることだろう。他人事のように書いているが、もちろん他人事ではないのだ。

ちなみに『週刊アスキー』という雑誌自身も、実に数奇な〈カタチ〉の変遷をたどってきた雑誌である。『週刊サンケイ』というオヤジ週刊誌を『ＳＰＡ！』という若者カルチャー週刊誌へと奇跡的なまでに変貌させた名編集長・渡辺直樹を迎え、雑誌界の常識をくつがえす「カルチャー／テクノの二重人格誌」という体裁・内容で華々しく創刊したものの、その冒険もあえなく挫折。その後、同社のパソコン専門誌『ＥＹＥ-ＣＯＮ』が『週刊アスキー』を襲名し、「日本初のパソコン週刊誌」として新創刊。「初代」のハイブラウなイメージは駆逐されて、「なかったこと」にされる。その〈カタチ〉をほぼ保ったまま、これが八年後に一億冊突破記念号を刊行することになるとは、それこそいったいだれが予測できただろう？

★——一億冊突破記念感謝号、『週刊アスキー』二〇〇五年一二／二〇号（アスキー）

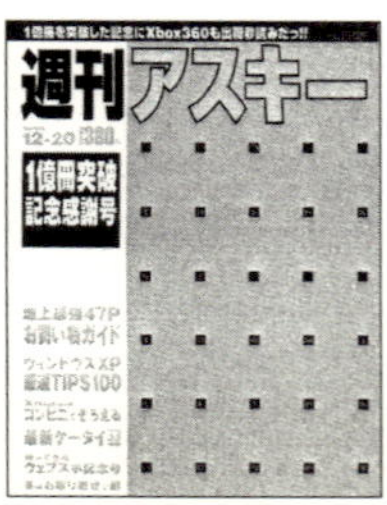

★——『週刊アスキー』はパソコン専門週刊誌として独自の〈カタチ〉を確立。写真は二〇〇四年一／六・一三号

この雑誌で仕事をして初めて知ったのだが、最先端のデジタルテクノロジーを扱う専門誌でありながら、この雑誌の制作プロセスは一般誌以上にアナログかつアナクロなのである。写真はデジタルではなく、いまだに銀塩フィルムが使われている。エディトリアルもDTPよりアナログが主流。図版・イラストレーションもCGはめったに登場せず、大半が手描きのしかもヘタウマタッチ。おかげで執筆者たちも、週刊にしてはやけに早い入稿期に四苦八苦。現場で給料の安さを愚痴りつつ慌ただしく作業をする編集者は、実はパソコン嫌いだったりもする……。実に非効率・非合理的なのである。完全データ化してしまえば、もっとラクにしかも経済効率も高くなるはずなのに、である。

編集人の言葉から勝手に邪推させてもらえば、おそらくそれは「たまたま」ではなく「あえて」なのではなかろうか。あえてデジタルから距離を置き、アナログなプロセスの不便さや非効率をあえて経ることによって「定量化できないもの＝『幻想』としか呼びようのないもの」を模索するための、それはあえて選び取られた編集方針なのではなかろうか。便利に簡単に手に入るものは、それなりの価値しか生み出せないのだから（これがまったくの誤解と牽強付会なら論が破綻するので、当人に確認を取ることはあえて避けたい）。

前に「ネットの登場が雑誌というメディアにとって奇貨ともなりうる逆説」と書いたが、つまりそういうことなのだ。

これまで相対的に「ネット寄り」の方向を歩み続けてきた雑誌が、いざ実際にネットが普及してしまうと、自らの方向性とアイデンティティを見失い「輝きと力を失」ったのだとすれば、あえてネット的情報世界から距離を保ってみることで「雑誌にしか作れない世界」が実は何であるのか、デジタルメディアとはけっして重なり合わない未開地が、初めて見えてくるのではないか。それが「雑誌のコア」である。その意味では、メディアに「ニュー」も「オールド」もない。雑誌もまたいつでも新たなメディアたりえるはずなのだ。あるいは多様なメディアのひとつとして固有の役割と未開の機能をはたせるはずなのだ。

雑誌の〈カタチ〉になぜこだわるのか?

「雑誌にしか作れない世界」「デジタルメディアとは重なり合わない未開地」とは、さて、ではどうすれば見えてくるのか?

そのヒントになりそうに思えるのが、雑誌というメディアに固有の物質性、つまり雑誌の〈カタチ〉である。

「あらゆる人が出版社」と言ったマクルーハン(またか、と言われそうだが)は、また「メディア(こそ)がメッセージである」とも言っていた。つまりメディアそれぞれの固有の形態にこそ、それ固有のメッセージが込められている、と。かつては「なんだかわかったようなわからないような命題だな」と思っていた言葉が、デジタルメディアにどっぷり浸かってみることによって、ようやく実感できるようになった気がする。情報がメディアの〈カタチ〉を超え、〈カタチ〉から解き放たれ、〈カタチ〉のない流動性と同時性の奔流としてしかイメージできない次元のものとなってしまったからこそ、メディアの〈カタチ〉がはたしていた機能がようやくはっきり認識できるようになったらしい。〈カタチ〉の非在感が際立ってきた、とでも言おうか。

また、こんなことを言っている人もいる。

「消費者たちは書籍の製造に対して支払っていたのであって、公立図書館でただで利用できるそのなかの情報には支払わない。レコード録音についても、お金が支払われる商品は、黒いディスクであって、そこに収録された曲に対してではない。情報はそれが出荷される〈パッケージ〉（引用者註・つまり〈カタチ〉である）と分離できないものであり、このパッケージに価格票がついていたのだ。情報再生産の新しいテクノロジーはこうしたすべてを変化させた。コピー機、オーディオとヴィデオのレコーダ、コンピュータのディスクドライブ、衛星放送の受信機などはすべての消費者を生産者にしたのだ。誰もが商業パッケージと同じ、あるいは時にはそれよりも良いパッケージに情報を再生産できるようになったのである」（マーク・ポスター『情報様式論――ポスト構造主義の社会理論』室井尚・吉岡洋訳／岩波書店）

これが書かれてから一六年後の今、もちろんメルマガにしろiTunesにしろダウンロードソフトにしろ「〈カタチ〉も〈パッケージ〉もない情報そのものに対価を支払う」という意識や習慣が、当時よりも強く広く私たちの間に常識として定着していることは確かだろう。けれども一方で、ポスターが指摘した意識の根深さは、ファイル交換ソフトの普及ぶりにも如実に顕れているように思う。実際、私自身も「凝ったジャケットはおろかディスクすら見えないポップ・ミュージックを買う」ということがいったいどういうことなのか、いまだにうまく理解できないままなのだ。だから今もCDやアナログディスクを買う。

結局、人間は〈カタチ〉のあるモノを通してしか、情報の価値や意味を体感できない生き物なのではないだろうか。情報が媒介する自分と世界との関係を実感できない存在なのではないだろうか。

「雑誌を読む」という行為は、たまたま雑誌というコンテナー（容器）によって運ばれてきたコンテンツ（情報）を摂取することではなく、雑誌という〈カタチ〉をしたモノに手で触れながら、インクの匂いを嗅ぎながら、指でページを繰りながら、おそらくネットのリンクとはまったく異質な価値基準によって並べられた個々の記事に眩暈を感じながら、さらにはその雑誌を作る人々や同じ雑誌を読む人々のことに想像を巡らせながら、次号の発売日をわくわくしながら待ちわびる……といった「定量化できない」トータルな体験の快楽だったのだと思う。あの情報誌の権化である『ぴあ』の読者にとってさえ。

前にさりげなく「雑誌職人」という言葉を使ったが、雑誌編集という仕事は情報産業というよりも、むしろ製造業＝モノ作りの要素の方が実は強かったのではないだろうか（DTPの発達で編集・デザイン・印刷を中国に「外注」する雑誌も増えてきた、というニュースも、そう考えればなにやら暗示的だ）。それが言い過ぎであるなら、今後は雑誌という〈カタチ〉がそのコンテンツを規定または拡張していく側面がより重要になっていくのではないか、と言い換える。コンテンツ／コンテナーの二元論としてではなく、あくまでも「情報はパッケージと分離できない」を前提とする、いわば心身一如論として。雑誌はただの情報の容器だったのではない。情報論やメディア論のみで説明できるものでもない。人間がそうであるように（その意味で、本書は雑誌版「身体論」のようなものかもしれない）。

もちろんこれは「雑誌は内容よりカタチだ」などという意味でもない。広告や表紙や目次を一瞥して、そこにひとつかふたつの「興味を引かれる見出し」を発見さえすれば、さほどのためらいもなく人は雑誌を手に取り続けるだろう。個々の記事の魅力やそれらの編集の妙こそが読者を雑誌に引き寄せるという「前提」は、雑誌が存在し続ける限り変わらないのだから。そして、それが「手に取る」ことのできる雑誌というモノのカタチに無意識に連動していたことに、これまで以上に、送り手も受け手も意識的にならざるをえなくなるだろう。ディスプレイ上に明滅するウェブページとも書架に保存される書籍とも違うその「中途半端なカタチ」からしか発信できない、それにしか媒介できない何かを夢想し模索しながら。

ひょっとすると、それはデジタルメディアからフィードバックされてくる「定量化できない新たなもの」かもしれないし、雑誌自身が置き忘れてきた「未完の可能性」かもしれないし、あるいは今の私たちには想像すらできない「未開の新境地」かもしれない。ニューメディアの登場で一度「死んだ」と思われたメディア(のカタチ)が、まったく新たな可能性とアイデンティティを孕んで復活する例は、メディア史上けっして珍しくない。写真が登場した後の絵画しかり、映画が登場した後の演劇や漫画しかり。雑誌もまたしかり、でないとは限らない。

一冊の雑誌がひとりの世界観から人生までをも変えてしまう、少なくともそう思える——という、今や冗談に聞こえてしまう事態(それはまさしく幸か不幸か自分に起きたはずのことなのだが)が、今後もありうるのかありえないのかはわからない。でも、それが「たまたま」ではなく「あえて」雑誌の〈カタチ〉を選び取って目の前に出現したことだけは、確かなのである。

第1章

『POPEYE』

読者の欲望を喚起する

新雑誌であれ古雑誌であれ、とにかく雑誌と呼ばれる紙の束を手に取り「ページを繰る」という単純な操作を繰り返すと、まず視覚に飛び込んでくるのは、その判型の二倍に拡大された見開き誌面のパノラマだ。つまり、まだ読み解かれていない「謎の記号群」としての本文、多様なタイポグラフィを使い分けた見出しや柱、大小の写真とイラストレーション、誌面を区画する罫や余白、そして、個々の要素の空間的構成・配列・色彩……。それらすべてが一枚のトータルな〈絵〉として、読者の目に最初に焼き付けられる。ヴィジュアル誌であれ活字誌であれ、「雑誌を読む」という行為は、そんな眩暈をともなうグラフィズム体験によって導かれる。そうした体験に先導／扇動されて、読者は初めてそこに意図(＝デザイン)された〈世界〉――リアルであれファンタジーであれ――に出会い、誘惑される。そして、さらに紙の束を繰ることによって、一歩また一歩、未踏の新世界へ足を踏み入れる……。

情報という安易なキーワードだけでは説明できない、フェティッシュな触覚体験そのものが、「雑誌を読む快楽」のかなり大きな部分を占め続けてきたはずなのだ。それをデジタル化することが可能なのかどうか、まだわからない。が、少なくとも「見開き誌面の連続する紙の束」というカタチが、私たちに及ぼしもたらし続けてきたなんらかのチカラについて、今だからこそ再検証しておく価値も必要もある、と信じる。

その切り口としてエディトリアル・デザインを選んだのは、前記のような理由とともに、それがいまだ充分に意識化されたことのない「雑誌における未開の無意識野」であり、雑誌自身にとっても解明すべき謎の宝庫であるとも思えるからだ。つまり雑誌の扱うべきネタとして、おそらくまだ新鮮なままなのだ。エディトリアル・デザインとは、単に「本文を読みやすくするための事後的・付随的なレ

◉『POPEYE(ポパイ)』(平凡出版→マガジンハウス)

一九七六年六月創刊。『平凡パンチ』(一九六四年創刊)、『an・an』(一九七〇年創刊)の編集長を務めた木滑良久が創刊したカタログ雑誌の先駆的存在。創刊当初は季刊で、第四号から月二回刊となり、現在は月刊

イアウト＝割付け」ではなく、雑誌という固有メディアと一体化したトータルな建設作業であり、あるいはそれ以上の何かなのではないか。そこから現今の雑誌作りと雑誌業界の抱えるさまざまな問題、さらにはそれを乗り越えうる展望が透視できるのではないか……。

エディトリアル・デザインの森で本当にそれを発見できるのか、私自身にもなんの保証も約束もできない。この探検には終わりがないことも充分わかっているつもりだ。ただその過程で、読者とともに驚嘆したり落胆したりはできる、と思う。私ができる、おそらくそれが最良の約束である。

玩具箱をひっくり返したような誌面

個人的な体験談から始めよう。一九八〇年春、私がライターとして『POPEYE』（平凡出版・現マガジンハウス）編集部に参加したとき（初仕事は七六年の創刊第二号。ただしイラストレーターとして）のこと。専用の原稿用紙を見て不思議に思った。二〇字×一〇行ペラ用紙の各マス・各行にあらかじめグラフのように番号がふられ、さらに五字ごとに太線が引かれている。そこまでしつこく念入りな原稿用紙は、それまで見たことがなかった。

その理由は作業を始めると、すぐにわかった。編集部と衝立のみで仕切られたデザイン室から、指定済みレイアウトが渡される。グリッドのない白紙レイアウト用紙に、見開きタイトル、柱ロゴ、写真、イラスト、本文・キャプション字数などが、実に端正に克明に指定されている。当時、画期的だったいわゆる「レイアウト先行システム」。その指定に合わせて、ライター（専門ライターに限らずページ担当者のだれもが「書き手」になりうる）が本文やキャプションを書き、全素材をチェックして「青袋」と呼ばれる印刷所行きの袋に収めて、一単位のページ編集作業が完了する。そのレイアウトの文字指定が、恐ろしいまでに複雑なのだ。切り抜き写真や組みイラストに沿って文字部分が複雑に「嚙み込んでいる」ため、字数・行数が変幻自在に変わっていく。ライターはその凸凹のスペースを文字で埋めていく。文章を書く作業がデザインと不可分に一体化しているのだ。

奇妙な原稿用紙の秘密は、そこにあった。編集・デザイン・製版の各作業の流れをスムーズに効率化するために、それはチーフ・デザイナー新谷雅弘（四三年生）が考案した原稿用紙だった（彼自身は「徹夜の朦朧頭用の原稿用紙」と呼ぶ）。原稿用紙一枚からも、その雑誌のエディトリアル・デザインの画期性が窺い知れた。現在の『POPEYE』編集部に原稿用紙があるかどうか知らないが（ない、と思う）、当時のデザインが「手書き原稿」を前提にしなければほぼ成立しえなかったことは確かだ。あんな複雑な設定はワープロソフトやテキストエディタではなかなかできない。できたとしても、やらない。やれたとしても、デザイナーへの苦情が殺到する。

まるで「玩具箱をひっくり返したような」と形容された『POPEYE』的レイアウトを確立させたのは、間違いなく主に新谷の功績である。「主に」というのは、彼が昨今の同業者たちと同列に比べられない、特異な領分で作業をするエディトリアル・デザイナーだからである。いや、「特異」なのは、はたしてどちらなのか？

新谷――ぼくは学生（多摩美術大学デザイン学科）時代に演劇をやってたせいもあってか、いろいろな役割がワイワイ刺激し合いながら、共同でひとつのものを創っていくのが好きでね。雑誌だって、そういうものじゃないか。それぞれが別の楽器を奏でながらシンフォニーを響かせる。それもライブで。書き手たちのキャラクター、語り口、センテンスの長短、句読点、息遣い……それをデザインする。それが感じられなければデザインできない。

ぼくにとってエディトリアル・デザインは、エディターとデザイナーが渾然一体化した仕事です。編集者たちのさまざまな想いを、幻想や妄想も含めて、ぼく自身の中へ取り込んで図像化する。それも抽象的ではなく具象的なモノでなければならない。抽象美や様式美を追求するアーティスティックなデザインなら、わざわざ編集現場にいる必要なんてない。自分のデザインスタジオでふんぞり返って、どんな雑誌も素材もエゴイスティックな抽象パターンとスタイルに押し込んで、はい一丁上がり。おかげで、だれのどんな雑誌も画一的にカッコ良くなる。

確かに「新谷時代」(七六年〜八〇年。他の主なスタッフは荒井健、岡本康、横井徹、伊藤和。その後チーフは荒井に継承される)の『POPEYE』のエディトリアル・デザインを眺め返してみれば、「カタログ雑誌」などという定型イメージにとても収まりきれない即興的なライブ感覚と躍動的なダイナミズムを、四半世紀を隔てた今なお感じ取ることができる。そこに並べられている雑情報は、確かに古雑誌のものに違いない。が、それが生まれる瞬間の現場の空気や運動プロセスそのものが、図像というより映像としてパッケージされている――そんなデザインなのだ。

余白恐怖症的なまでに超過密にひしめき合う圧倒的な情報量。平面では足りず三次元化された空間に重なり合うように配置された写真、イラスト、文章。限られた誌面の壮絶な争奪戦を、エディトリアル・デザイナーが瀬戸際で調停・処理し、自身もそれを楽しんでいる様子までがヴィヴィッドに伝わってくる。少なくとも当時の『POPEYE』には活字誌に匹敵する、いや、情報コラム特集などではそれを凌駕するほどの文字量が詰め込まれている。「何字くらい欲しいの?」と現場の書き手たちの希望を聞きつつ、相手の熱意や筆力や個性を冷徹に読み取り、新谷はかなり独断的に文字数を決めてしまうことまでやっていたという。

すべての要素が視覚言語・造形言語として複雑に拮抗し調和する誌面上では、文字もまた字義を超える意味を孕む図像のひとつだ。異なる書体や級数を自在に組み合わせる「杉浦康平的タイポグラフィ」をポップ方面に展開させたような見出しや目次も、単にデザイン的遊びや実験ではなく、記事の内容や書き手のキャラクター(「書体」の意味もある)をライブに図像化する周到な手段だった。それは新谷のスタイルなどではなく、臨機応変に選ばれる表現手法のひとつにすぎない。『POPEYE』のデザインワークは、あくまでもアルチスタではなくアルチザン(職人)のものだったのである。そして、「Magazine for City Boys」(当時のキャッチ)の"City"とは都市計画によって整然と区画整理された近代都市ではなく、猥雑な路地裏や怪しげな長屋や駄菓子屋がゴチャゴチャとひしめく下町界隈だったのである。

新谷——木滑(きなめり)(良久・当時同誌編集長)さんや石川次郎(同副編集長)さんは東京のお坊ちゃんだけど、ぼくは隠岐島生まれの大阪育ち。彼らからは「コテコテの野暮天」ってからかわれた。今思えば

★——『POPEYE』誌面での、書体や級数を自在に組み合わせる「杉浦康平的タイポグラフィ」の例

黄金時代に
復活
ベースボール・ロマンを
懸けるStPAULの
野球小僧たち。

だけど、ぼくのデザインや色彩感覚の原風景は、やっぱりそのへんかもしれない。孤島の自然、琳派や大和絵、松竹新喜劇や浪花節、道頓堀のネオン、貸本屋の劇画、アンリ・リュソーの密林画、今和次郎の考現学……。大阪の工芸高校時代はバウハウスの影響をもろに受けていたし、東京の大学時代は菊地信義といっしょに前衛ゴッコしてた。そういうものがぼくの中にゴチャゴチャに混在してる。スタティックに様式化しちゃったものを壊してダイナミックに流動化させてやりたいという、どこかアナーキーな衝動もある。「洗練された山の手坊ちゃん感覚や西洋カブレばっかりじゃ雑誌は絶対に売れねえぞ」って、まわりの連中にはよく言っていた。スタッフの中でリアリスティックな商売の視点をいちばん強く持っていたのは、ぼくかもしれない。

エッフェル塔を折り曲げる

❶海外雑誌・カタログにイメージを借りて「ヨコのものをタテにした」ようなバタ臭いデザイン、❷アートディレクターが編集長よりエラいデザイン優先のレイアウト先行システム——。これらは、当時『POPEYE』のデザインが業界内で訳知りに語られるときの定説だった。その「定説」が検証もなしに鵜呑みにされたまま、スタイルとして模倣されてしまった結果が、その後の『POPEYE』自身をも含めた「『POPEYE』的エディトリアル・デザイン」の氾濫だったのではないだろうか。

新谷が作り上げたカタチは、あくまでも現場の物理的・時間的制約の中で、編集者や製版者との格闘や妥協のプロセスから、それでも最大限の視覚言語的効果を追求したあげくに生まれ出た結果だった。「内容を読めもしない海外雑誌」からの影響があったのだとすれば、それはせいぜいインスタント・レタリング（インレタ）による装飾的欧文書体くらいだった、と新谷は言う。読者に日本語を伝え読ませること、誌面に置かれる漢字・ひらがな・カタカナを効果的にしかも美しく組み合わせること――そんなシンプルな意図を臨機応変の手法で追求し続けた結果が、あの複雑なデザインワークだった。読みたいという欲望を喚起するデザインは、単純な「読みやすさ」（それも送り手が勝手に思い込み迎合する）とはまったく別のものなのだ。

中ゴシックで本文（11級）とキャプション（9級）を統一すること、各キャプションに矢印を入れること、本文段間は3・5ミリにすること。それすら追随誌に模倣されることになるのだが、それらもまた幾多の試行錯誤の結果だった。この雑誌はキャプションを読ませることができるか否かが勝負であり、そのためには一秒でも読者を迷わせてはいけない、という新谷のリアルな判断が、あの「矢印」に結実している。すべてが意図（＝デザイン）されていたのだ。当時のレイアウト用紙の随所には「なぜこのようなデザインになるのか」という理由・意図を編集者や製版者に伝えるための、デザイナーによる鉛筆の走り書きが残されていた。

そんな職人的リアリズムは「アートディレクター」というカタカナ肩書きのイメージともそぐわない。雑誌アートディレクターの先駆として今や伝説化されている堀内誠一（三二年生～八七年没）の愛弟子であり、平凡出版／マガジンハウスの仕事を通じて「あらゆることを彼から学んだ」と告白する新谷だが、彼自身はアートディレクターを自称することも他称されることもあまり好まないようだ。業界

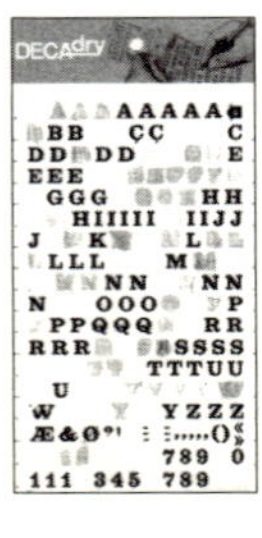

★――さまざまな書体の文字や絵柄を転写によって活用できるインスタント・レタリング

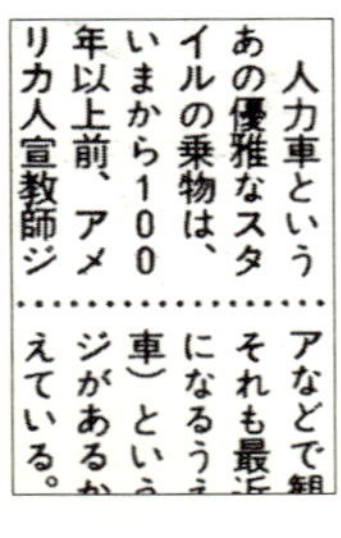

人力車という
あの優雅なスタ
イルの乗物は、
いまから100
年以上前、アメ
リカ人宣教師ジ
それも最近

ジがあるか

★――『POPEYE』誌面の本文段間3・5ミリの例（原寸）

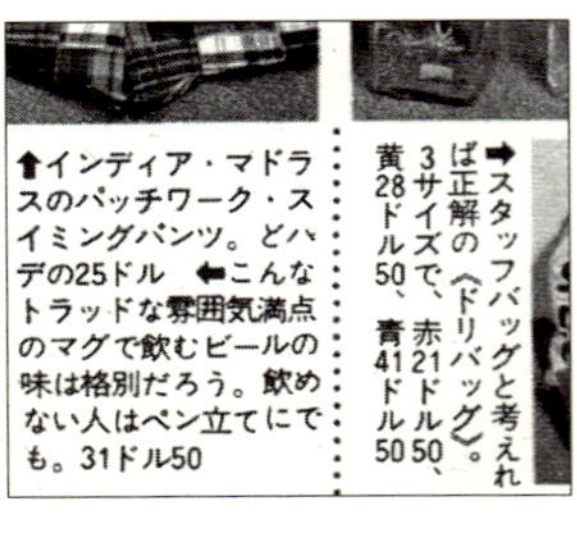

➡スタッフバッグと考えれば正解の《ドリバッグ》。3サイズで、赤21ドル50、黄28ドル50、青41ドル50
⬆インディア・マドラスのパッチワーク・スイミングパンツ。どハデの25ドル ⬅こんなトラッドな雰囲気満点のマグで飲むビールの味は格別だろう。飲めない人はペン立てにでも。31ドル50

★――『POPEYE』誌面のキャプション例（原寸）

内でもしばしば混同されているフシのある堀内と新谷の仕事は、似て非なるものだった。象徴的なエピソードがある。

新谷――あの雑誌で堀内さんがディレクターとして関わったのは、実質的には創刊号と第四四号（七八年一二月一〇日号）の《パリ特集》くらい。当時すでに彼はパリに移住してましたから。《パリ特集》は彼の仕事のように語られることが多いけれど、彼がパリから送ってくるラフスケッチを東京の編集部でぼくらがデザインする、というやり方でした。『an・an』のときから大きなファッションページは堀内さん、細かい情報ページはぼくという分担だったけれど、『POPEYE』は後者を全面展開したような雑誌だから、ラフスケッチじゃできないレイアウトなんです。たとえば特集の扉ページは、エッフェル塔を背景にした人物がらみの全面写真。しかもカメラ雑誌に載るようなアーティスティックでアンダー気味の写真なんだ。それをページに全部生かそうとすれば、あの雑誌の紙質（『The New York Times Magazine』風のザラ紙）と判型（当時はAB判）では、どうしても人物の顔が潰れる。しかも人物は黒人だし。だからエッフェル塔の先端を裁ち落として、それを逆さまにコラージュしてしまった。先端をボキッと折ったように。あの塔のてっぺんがどうなってるかなんて今さら見せる必要ないだろ、って。堀内さんもイタズラ好きだけど、そういう乱暴なことは絶対しないと思う。きっと何か他の手を考える。どっちが正解かではなく、現実的な問題処理に当たって何にこだわり何にこだわらないか、という資質の違いでしょう。

★――堀内誠一が表紙イラストとデザインを手がけた『POPEYE』一九七六年Summer創刊号

★――エッフェル塔の先端を曲げてコラージュした『POPEYE』一九七八年一二／一〇号、《パリ特集》の扉

それは天才アートディレクターの酸いも甘いも間近で見続けてきた、デザイン・ワーカーとしての矜持を込めた「返歌」でもあったかもしれない。確かに「真っ白い紙に絵を描くように見開きをデザインし、水が流れるようにそれをページ構成していく」という基本的なデザイン思想は、まさに堀内譲りのものだったろう。でも、そのとき、雑誌作りの現場にいたのは、新谷であって堀内ではなかったのだ。

『POPEYE』のデザインワークが堀内時代の『an・an』の場合のように語られることは、あまりない。新谷に言わせれば、それこそが「エディトリアル・デザイナーにとっての最大の勲章」ということになる。

「あの雑誌は面白い」と囁かれる陰で忍者のようにほくそ笑む——それが最高の快感なのであって、「あの雑誌のデザインは素晴らしい」などと言われるのは最悪の屈辱なのだという。ここまで読んできた読者には、この発言も韜晦的ポーズにはけっして思えないはずだ。

新谷——雑誌をノスタルジックに語るのはバカげているし、なにより怠慢なことだ。雑誌の可能性はまだまだ未開で無尽蔵なものだと思う。たとえば人間の脳の可能性をすべて使いこなせたとき、いったいどんなことができるのか——それがまだ想像できないのと同じように、雑誌が本当にやれることの全貌なんて、だれもまだ想像したことがないんだ。それが少しでもカタチにならなきゃ、だれも気づけない。

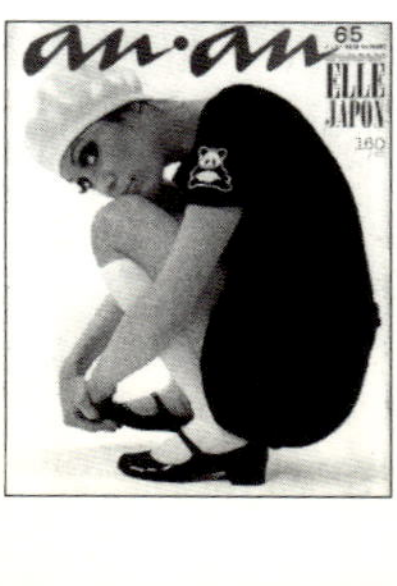

★——堀内誠一が表紙デザイン手がけた『an・an』一九七〇年六／五号。写真は立木三朗

ぼくは自分のデザインを「言い訳のデザイン」と呼んでいるんです。つまりエディトリアル・デザインの過程で自分の中に「自分の手に負えないもの／未整理のもの」を発見して、驚きたい。それを次にはモチーフにして誌面に展開していきたい。そんな漠然とした欲望があるんです。それはまさに雑誌という名の混沌として朦朧とした「生命体」の欲望そのものかもしれない。そして、それはデジタルメディアには、とてもできないことなんじゃないだろうか。

師匠・堀内誠一の他に、新谷が「最も影響を受けたエディトリアル・デザイナー」として挙げた名前が、もうひとつある。大伴昌司（三六年生〜七三年没）である。六〇年代後半〜七〇年代初頭に大伴が企画・構成・執筆していた『少年マガジン』（講談社）の巻頭グラビアを、まだ雑誌というメディアに関わる以前から、新谷はすべてスクラップしていたのだという。そして、それは後に『POPEYE』のエディトリアル・デザインにも活かされることになる。

大伴の才能を発掘した当時の『少年マガジン』編集長・内田勝が、後に『POPEYE』の競合誌『Hot-Dog PRESS』を創刊するという、やや皮肉な因縁ではある。でも、エディトリアル・デザインの系譜は、そんな相互的な刺激と影響のネットワークによって描かれてきたのである。

次章では、その内田勝・大伴昌司時代の『少年マガジン』のグラビアを中心に、「マンガ誌のエディトリアル・デザイン」を検証してみたい。ノスタルジックにも怠慢にもならぬよう自戒しつつ……。

★——『Hot-Dog Press』一九七九年七月創刊号（講談社）

❸
❹
❺

❶
❷

❶1979年2/10号　❷1977年9/25号　❸1978年8/10号
❹1977年12/10号　❺1978年1/10号

Column

POPEYE
Graphics ❶

満載された玩具箱を見開き空間に1ミリも狂いのない精度でぶちまけた乱雑な整合感。切り抜かれた写真、ブロック化された文字の超過密な重畳が創り出すダイナミックな3D情報祝祭空間は、表紙にまで溢れ出る。

情報の高密度化・高集積化の極限へ

❻1979年12/25号
❼1979年12/25号
❽1980年12/10号

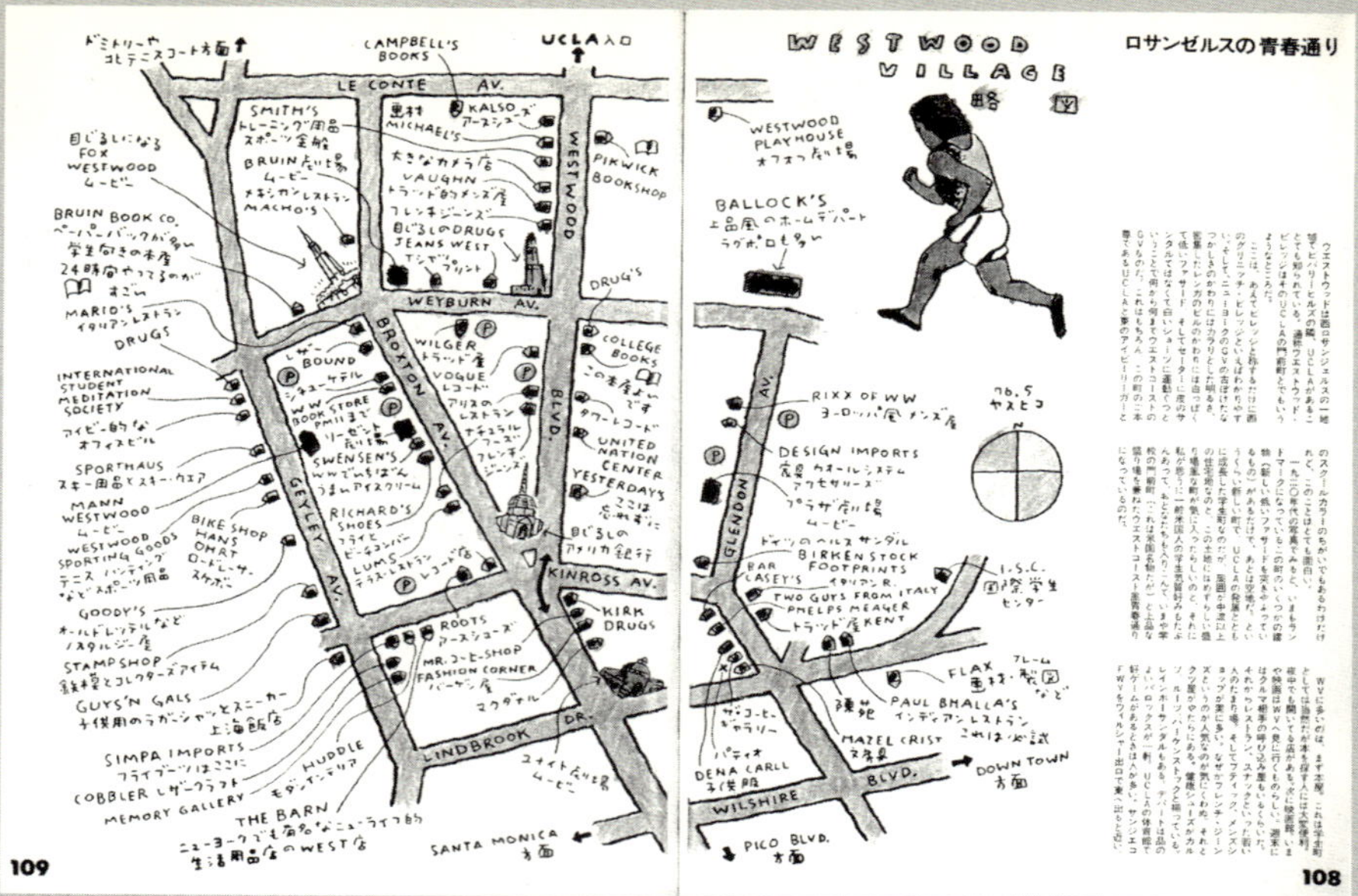

❶1970年Summer（創刊号）・画＝小林泰彦　❷1970年Summer（創刊号）　❸1977年12/10号・画＝山崎正夫
❹1978年7/10号・画＝山崎正夫　❺1978年4/25号・画＝加藤裕将

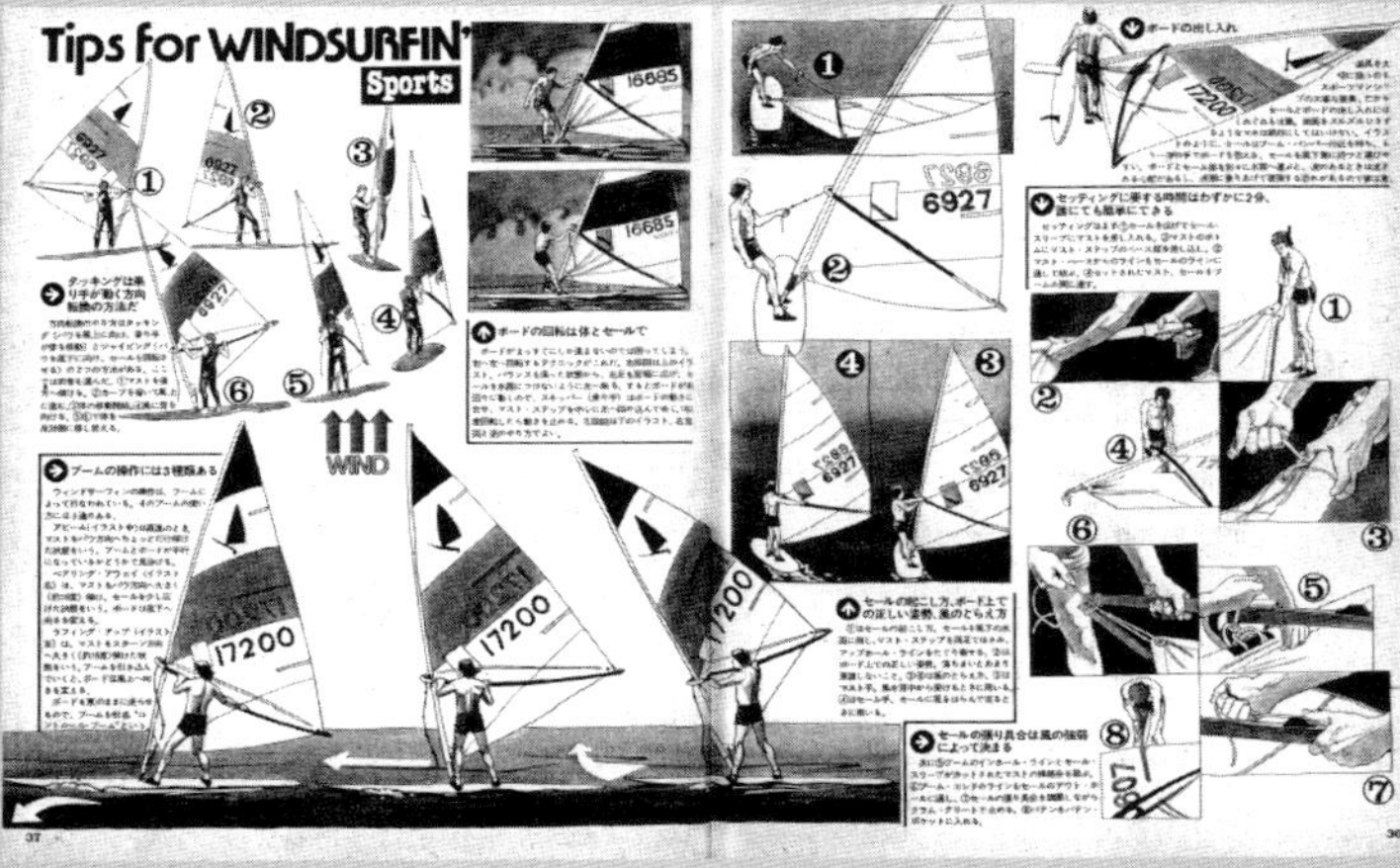

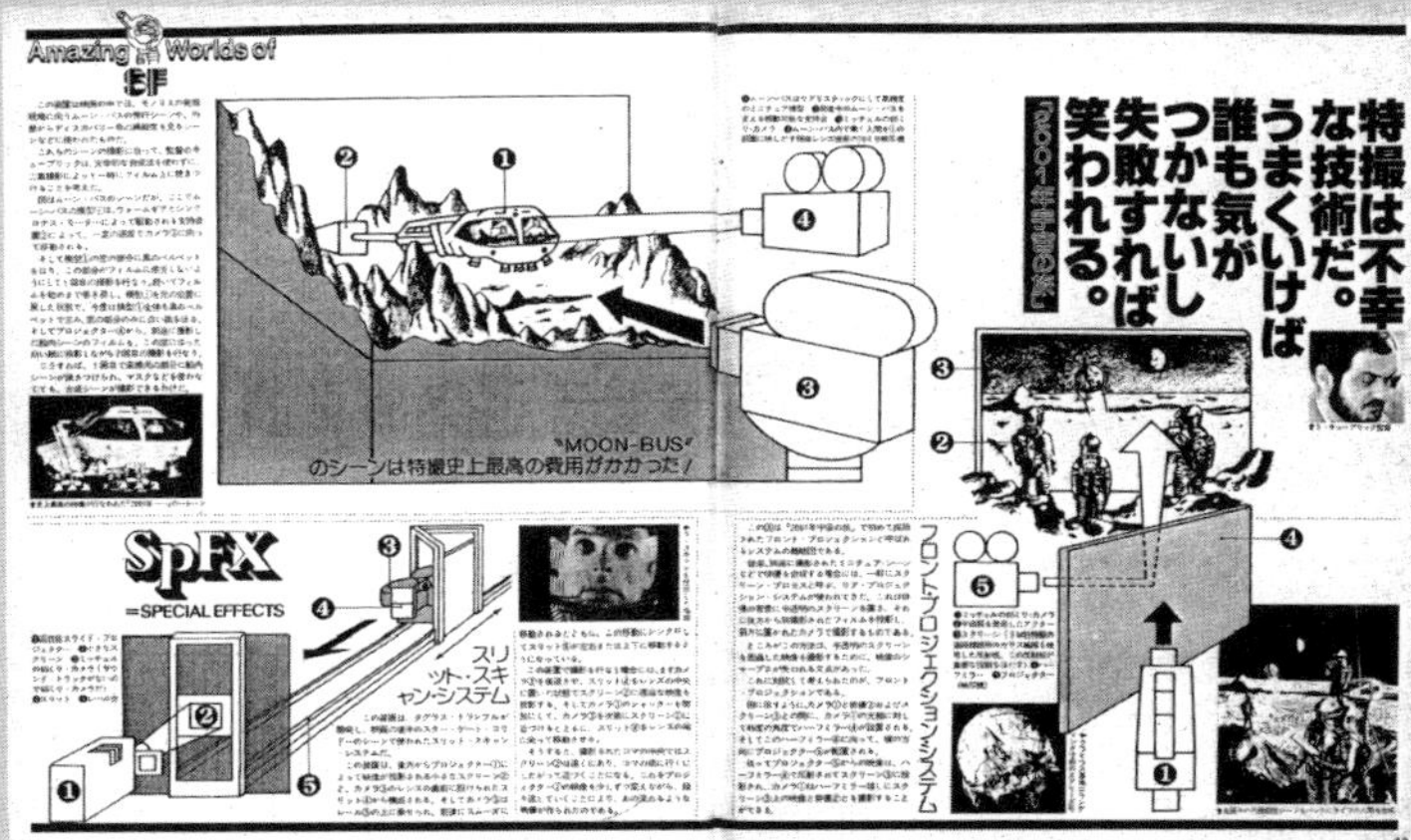

マップ、図解の複合化

編集・デザイン・イラストの緊密な連携なしでは不可能な図解やマップの多用。その制作プロセスまでがライブなグルーヴ感を伴って心地良く伝わってくる。図解ならではの写真を超えた緻密で立体的な動画表現。

POPEYE Graphics ②

Illustrations

3
4
5

第2章
『少年マガジン』
ジャンル横断のグラフィズム

ここに、一九六九年六月二二日号（第二六号）の『少年マガジン』がある。三七年前の私が、書店で（当時コンビニはまだない）定価六〇円で買ったものだ、と思う。廃棄、散逸、売却、風化を奇跡的にまぬがれ、今なお手元に残った「六〇年代少年週刊誌」のうちの一冊だ。二一世紀に読み継がれる可能性を想定して製本されたのではないはずのその表紙は、すり切れ、色褪せている。当時の山崎少年がこの号を買い、その後の山崎青年がそれを保存する気になった動機は、もはや不明。ただの偶然か気紛れかもしれない。少なくとも「ウルフ金串との新人王戦に挑む矢吹丈」や「大リーグボール一号を打たれて落ち込む星飛雄馬」を手元に残したかった、わけではないようだ。何か理由があったのだとすれば、その号の巻頭グラビア以外は、思いつけない。

その巻頭グラビア特別企画のタイトルは《人間と戦争の記録・大空襲》。昭和二〇年三月の東京大空襲の記録写真四〇点が、一五ページにわたって展開されている。いきなり見開きで地平線まで続く廃墟・東京の空撮写真、夜空を花火のように美しく染め上げる焼夷弾の光跡、その下で焼き尽くされ「人の形をした炭の山」と化した焼死体……。いつもは色彩豊かな巻頭カラーグラビアが、一転、モノクロ写真にワンポイントの金赤タイトルのみで構成され、黄金期の『LIFE』のフォトドキュメントのような劇的効果をあげている。少年誌にこれほど大量の死体写真が載るのは、おそらく空前絶後のことだったはずだ。

当時の少年がそれまで見たこともなかった異様な巻頭グラビアには、いつものように、こうクレジットされていた――「企画・構成　大伴昌司」。

マンガ専門誌にアイドルの水着グラビアを貼付したような昨今の少年週刊誌からは、もはや想像で

●『週刊少年マガジン』（講談社）
一九五九年三月創刊。同月創刊の『少年サンデー』と並び、少年マンガ週刊誌の先駆けとなる。内田勝編集長時代の一九六九年には発行部数が一五〇万部を突破した

★――巻頭グラビア《人間と戦争の記録・大空襲》。『少年マガジン』一九六九年六／二二号掲載

きないことだが、七〇年代前半までの少年週刊誌はまだ「総合誌」的な性格を保っていた。たとえばこの号も、広告を除いた二二八ページのうち七二ページを、マンガ以外の読み物・情報ページが占めている。つまり約三分の一は「マンガではない」のだ。

同じ号の活版ページには、やはり一五ページの決定版シリーズ《ほらふき大発明》と題された図解特集が載っている。こちらは当時の『少年マガジン』の十八番だった、虚実ないまぜの空想科学情報。また、淀川長治がホスト役を務める《SF怪奇名作劇場》というシリーズ企画には、レイ・ブラッドベリ原作の映画『いれずみの男』のノヴェライゼーションが六ページ……。

実はそれらのページの「企画・構成」にも、巻頭の《大空襲》と同一人物の名がクレジットされていることに、当時の私が気づいていたのかどうかは、もはやわからない。そもそも「企画・構成」の意味がわかっていたか、それをわかりたいと思ったかどうかも。

怪獣からノンフィクションまで

すでに没後三〇年を越える大伴昌司（三六年生〜七三年没、享年三六）の人物・業績については、たとえ「怪獣博士」としての名声に偏りがちな憾(うら)みはあるものの、それなりに語り継がれ、瞬間的に再評価がなされてはきた。六〇年代後半〜七〇年代初頭の『少年マガジン』巻頭カラー大図解を復刻・合本化した大冊『ヴィジュアルの魔術師・大伴昌司の世界』（講談社）、サブカルやオタカル（オタク文化）の視点から大伴を再評価した証言評伝『OHの肖像——大伴昌司とその時代』（飛鳥新社）などで、それを知ること

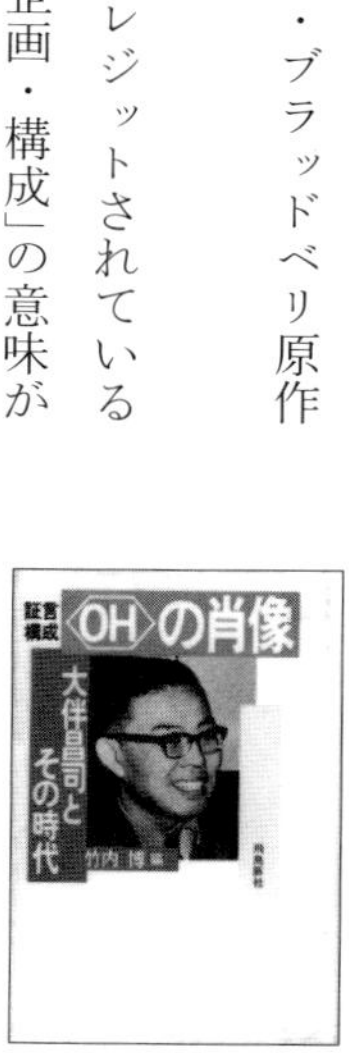

★——竹内博編『証言構成 OHの肖像——大伴昌司とその時代』（飛鳥新社・一九八八年）。巻末に収録された「大伴昌司書誌」に全業績がまとめられている

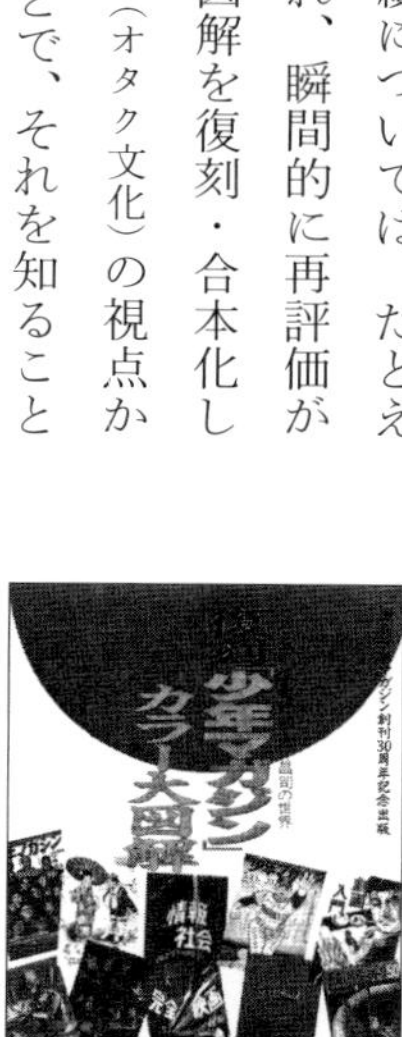

★——『復刻「少年マガジン」カラー大図解——ヴィジュアルの魔術師・大伴昌司の世界』（講談社・一九八九年）。九二年には、ここに収録されなかった図解ページを増補・編集して三巻本『ミックス少年マガジン大図解』（❶未来世界、❷人は情報、❸SF怪奇二本立て!）も刊行された

ができる。

でも、その「企画・構成」が、具体的にどのようなプロセスを経て、どのような技術・技法によって、あのような誌面へと結実していったのか。そして、彼は何をどう「構成」していったのか――それらについては、いまだ謎が多い。そもそも彼の仕事の、どこがどう新しかったのか。それを知るための最も太い頼みの綱は、やはり当時（六五年～七一年）、『少年マガジン』編集長として直々に〈大伴大図解〉を担当し、担当を超えた「共同企画者」でもあった内田勝氏（三五年生）ということになる。

内田――大伴さんの〈カラー大図解〉が最初に誌面に登場するのは、六六年五月の《決定版ウルトラQのすべて》でした。もっとも、それ以前にも巻頭図解特集は毎号ありました。まだこの時点では二色オフセットでしたが。有名なのは〈兵器・戦記モノ〉ですね。戦艦大和の内部図解やゼロ戦の型別図解。これを『マガジン』も『サンデー』も月刊少年誌も競ってやっていた。六五年に編集長になったとき、もうそれはやめようと決めたんです。長兄がフィリピン戦線で戦死したり、自分なりの戦争観・戦争体験もありましたから。

TBSでお蔵入りになっていた円谷プロの『ウルトラQ』の企画を大伴さんが編集部に持ち込んできたのは、ちょうどそんなときでした。「この戦記図解の方法論を怪獣に応用できないか」――その大伴さんの一言からすべてが始まったんです。彼はさっそく「ありもしない怪獣」の「だれも見たことがない解剖図」を鉛筆で描いた下図を持ってきました。「戦艦大和の排水量が何トンで」というのと同様に「ペギラの体重は何トンで」といったデータまで詳細に描き込んで。

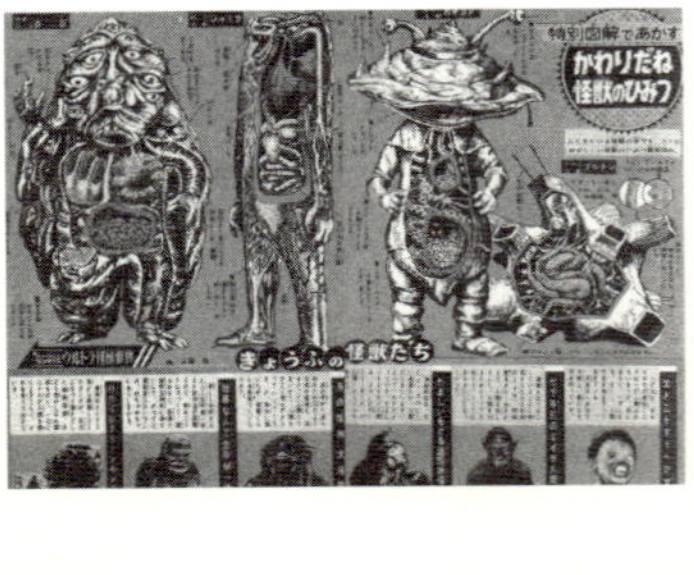

★――怪獣図解はTV『ウルトラQ』の放送に先立って始まった。『少年マガジン』一九六六年二／二五号、巻頭グラビア《66年版ウルトラ怪獣事典》

それが怪獣図解、妖怪図解と立て続けに大ヒットし、やがて現実の森羅万象をノンフィクション図解してしまうという、あの〈大伴カラー大図解シリーズ〉へと膨らんでいったのです。

つまりこの段階までは、それ以前にすでに少年週刊誌で確立されていた図解・構成のノウハウやテクニックが、ある程度そのまま流用・援用されていたのである。大伴が4Bの鉛筆で描くラフスケッチを細密なイラストレーションに起こすのも、かつては兵器・戦記のメカニズムを図解していた小松崎茂、梶田達二、南村喬之ら、少年誌でおなじみの画家たちだった(後に他ジャンルから石原豪人や生頼範義らも参加)。

が、まだ当時は「アートディレクション」という概念も分業システムも確立していない雑誌界、しかも少年マンガ誌。そこへどこからともなく忽然と「謎のアートディレクター」が飛び込んできたのだから、摩擦が起きないはずがなかった。

内田――確かに大伴さんのデザインは、まったくの独学です。彼が描く下絵も、緻密なときもあればラフに描きなぐるだけのときもある。画家さんたちにも職人的プライドがありますから、自分なりの解釈で描いてしまう。すると大伴さんは烈火のごとく怒るわけです。「もうこの仕事やめさせてくれ」とまで言って。画家にしてみれば、下絵の遠近法的パースを修整して、絵としてより正確で自然なものに仕上げているわけです。でも、大伴さんが要求するのは「リアルな図解」よりも「インパクトのある映像」なんです。絵としての整合性や完成度より、視覚的な

★――〈兵器・戦記モノ〉図解の例、巻頭グラビア《世界の名戦艦総まくり》。『少年マガジン』一九六三年一／二三・二〇号。大伴昌司が関わる以前の企画

伝達効果を究めようとする。

そういうことを画家が理解して、大伴さんも画家の表現をある程度受け容れられるようになるまで、図解班編集者たちは大変でした。「異能の完全主義者」たちとの板挟みですから。ただ、さすがに、小松崎茂さんは早い段階から大伴さんのよき理解者で、「この人は天才だね」と言ってました。

「見えないしくみ」を図解する

内田編集長時代の『少年マガジン』は、さまざまな面で「構造改革の時代」だったと言っていい。巻頭カラー図解の二色オフセット印刷から四色グラビア印刷への切り替え、活字から写植への切り替えも、ほぼ同時に行われていた。また、テクノロジー面のみならず、マンガ担当編集者の仕事も単なる原稿取りを超えた共作者・ディレクターに近いものになりつつあった。そして彼ら同士が、互いに激しいライバル意識を燃やしてもいた。

そんな変革期には、当然「抵抗勢力による反作用」も大きくなり、才能と才能、エゴとエゴのぶつかり合いも激しくなる。そして、その摩擦や軋轢や混乱の中からこそ、それまでにない新しいもの・不思議なものが生まれたりもする。

〈大伴大図解〉の時代は、まさにそんな時代と重なり合っていた。既成のエディトリアル・デザインと無縁の方角から、まるでジャンルを横断する独自のけもの道を踏み分けて少年誌グラビアに闖入し

★——巻頭グラビア《大空港——巨大な生きもののすべて》。ジャンボ機を取り巻く特殊車両を写真構成。『少年マガジン』一九七一年一／一三号掲載

てきた大伴のヴィジュアル感覚は、映画・TV・マンガ・広告・紙芝居……といった大衆視覚メディアの要素が渾然一体化した「マルチメディア・グラフィズム」とでも呼べるものだった。当時、メディアミックス的技法を次々に開拓することで表現領域を拡大していたマンガ・劇画の流れとも、それはシンクロする。あとはそこに、あらゆるジャンルのあらゆる素材をぶち込めばよかった。図鑑には載っていない雑学やポップ・ジャンルの「見えないしくみ」を図解するという志向は、後の〈メイキング・オブ〉ブームの先駆けでもあった。

　そして、当初こそ〈戦記図解〉の方法論の応用形として始まった大伴大図解の情報グラフィズムも、やがてヴィジュアル・コミュニケーションの独自の境地を開拓し始める。

内田——当時の東京国際空港（羽田）や深夜放送のスタジオをフォトルポルタージュ風に「大図解」したときも、大伴さんはカメラマンを怒らせました。彼らがプロとして効果・構図を考えて撮影したカットも、大伴さんのストーリーやイメージの断片的素材として、大胆にズタズタにトリミングしてレイアウトされてしまう。「『アサヒグラフ』じゃないんだ」って調子で。当時は、まだそんなデザインは常識的に考えられないものでした。でも、完成したグラビアを見れば、それ以外考えられないほど斬新で効果的なデザインなんです。前衛的で遊び心に溢れて。

　その一方で、〈人間と戦争の記録〉シリーズでは『暮しの手帖』の花森安治風の手書き文字を使ったり、粋で洒落っ気のあるアイデアもたくさん持っていました。少年心を摑むアイキャッチン

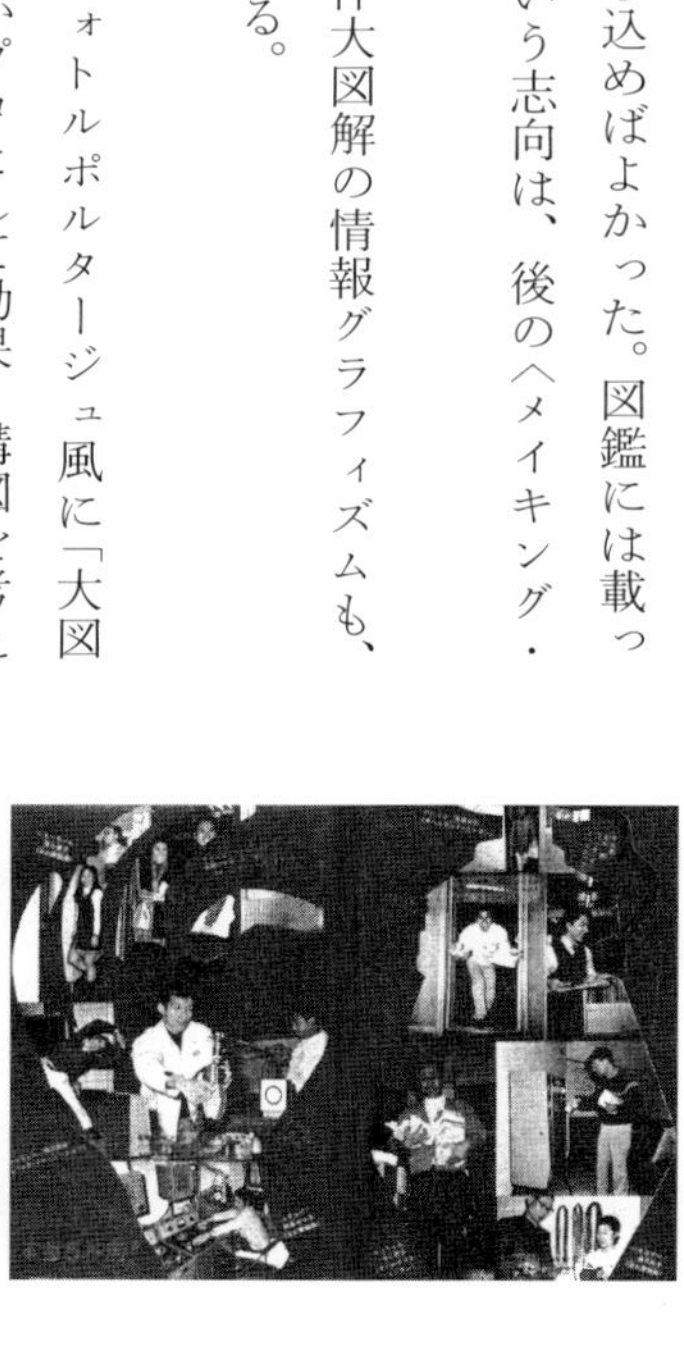

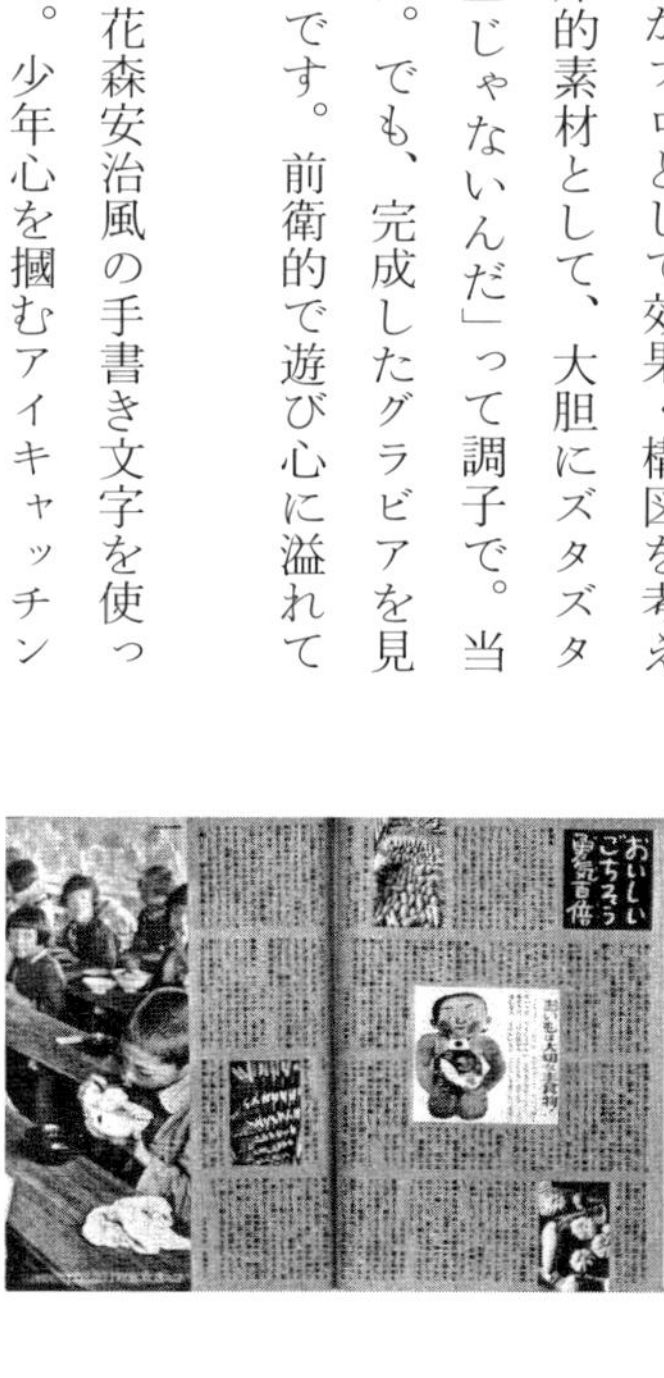

★——巻頭グラビア、右から《ミミズク君起きてるかい？——深夜放送の英雄たち》『少年マガジン』一九七〇年二／二二号掲載、《人間と戦争の記録・学童疎開》同一九七〇年七／一二号掲載

グやコピーライティングも実に巧みでしたね。既成雑誌で参考にしていたのは、なんといっても『National Geographic』です。それも戦前の。講談社の図書館は戦災をまぬがれたので、戦前のバックナンバーが揃っていました。でも、その「宝の山」でピラミッド断面図やら太平洋海底地図やらに夢中になっていたのは、おそらくぼくらふたりだけだったでしょうね。

「先験的ヴィジュアリスト」大伴の功績として、たとえば当時まだ日本で無名だったM・C・エッシャーやルネ・マグリットの作品を〈カラー大図解〉でいち早く紹介してブームにしてしまったり、横尾忠則を『少年マガジン』の表紙デザイナーに起用して大反響を巻き起こしたり……といったエピソードは比較的知られている。が、それらの企画が、表紙とグラビアとを有機的にイメージ連動させる試みであり、後のヴィジュアル誌では常識となった「表紙が特集扉を兼ねる」トータル・ディレクションの先駆であったことは、あまり知られていない。

内田——七〇年前後の大伴さんは『少年マガジン』の事実上の副編集長のようなものでした。横尾さんの起用も大伴さんの「ディレクション」でした。あの極彩色の時代にスミ一色の大胆なデザインをやってのけた横尾さんもすごかったが、その巻頭グラビア《横尾忠則の世界》の扉ページを真っ黒に塗り潰してしまった大伴さんも負けていなかった。おかげでぼくは販売部からつるし上げられましたが。「雑誌は有機的な生き物」という大伴さんの雑誌観がよく顕れたデザインです。

★——M・C・エッシャーの絵画を表紙にした『少年マガジン』一九七〇年二／一五号

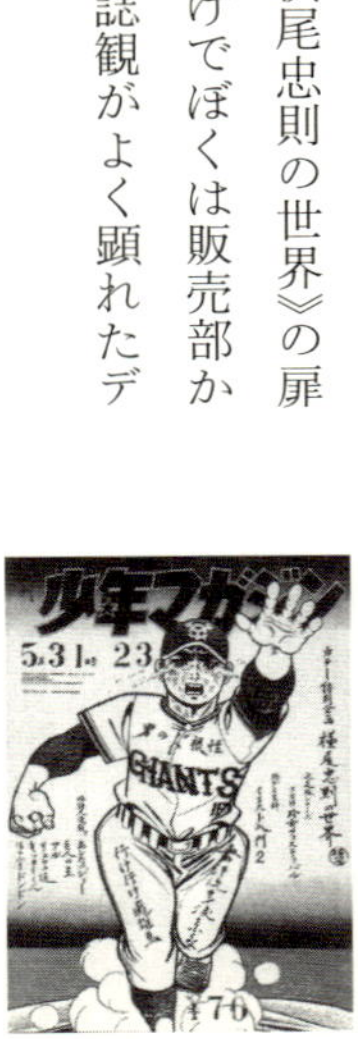

★——巻頭グラビア《横尾忠則の世界》が掲載された『少年マガジン』一九七〇年五／三一号。表紙は横尾自身の構成による、常識破りのモノクロ色。表紙をめくると真っ黒なページが現れる

彼はディレクターのみならず、プロデューサー的な資質も併せ持つ人でした。なにしろSF作家クラブの事務局長をやっていた人ですから、その人脈から「どこにどんな面白いものがあるか」をよく知っているわけです。たとえば戦前パルプマガジンなら野田宏一郎(昌宏)、戦後SFなら伊藤典夫、コミックスなら小野耕世、海外風刺マンガなら星新一、アート系なら真鍋博……。マニアックな博物館を持っているようなものです。彼がいなかったら、それら膨大なコレクションは一度も公開されないまま、今も死蔵されていたかもしれません。

そしてまた「内田勝がいなかったら……」とも思う。あるいは内田が編集長ではなくヒラの担当編集者だったら、大伴の「企画・構成」は編集部の企画会議を通っていただろうか、と。たとえば「〈橋〉というテーマで一六ページのカラー図解を構成する」(実際あった。素晴らしいグラビアだ)などという企画を、たとえ頭の中に明快なイメージができあがっていたとしても、それをいったいどう説明すればよいのだろうか。「なんだ、そりゃ?」の一言でおしまいなのではなかろうか。

「変革期の摩擦・軋轢・混乱からこそ新しいものが生まれる」のだとしても、それを現実に形にするためには、実務的・個人的な強権や独断も必要になる。ただし、それを「創造の現場は民主的であるより独裁的であるべきだ」などと単純にドグマ化するのも、正しくないと思う。それぞれの要素が止揚を求めて拮抗している、といった環境こそが理想的なのだ。ただ、そんな緊張関係が長続きするのも、おそらく希なことなのだが……。

★——巻頭グラビア《長大橋》。扉ページの大胆なレイアウト。『少年マガジン』一九七〇年六/二八号掲載

「雑誌の未来」を追いかけて

内田——七〇年に《黒沢明の世界》という巻頭グラビアを企画したのですが、それが実際に誌面で形になるまで、半年かかりました。白井佳夫さんを通じて黒沢監督から『七人の侍』のフィルムをまるごと借りて、大伴さんと連夜会議室にこもって、グラビアに使うカットの切り出しを延々とやりました。映写機を手回ししながら。《大空港》の企画も、取材や構成に半年がかりです。そんな長期企画と並行して、もちろん次号・次々号のグラビアや活版ページの企画や作業もやるわけです。

通常の進行スケジュールは、それでも規則的でした。発売一ヵ月前から作業を始めて、最初の一週間で大伴さんが構成・ラフスケッチを作り、二週目は取材や撮影・イラストレーション、三週目で編集・執筆作業、そして発売一週間前に入稿、さらにその後に「完全主義者」による校正がある、と。週刊ですから作業の一瞬一瞬が綱渡りなのですが、進行が大幅に遅れてヤバイ、という状況はありませんでしたね。プロフェッショナルな仕事ぶりでした。その合い間にも、大伴さんの池上の仕事場に泊まり込んで、翌日はまた編集部の会議室で、という調子で、ほとんど毎日サシで企画会議ならぬ企画雑談をやっていました。でも、企画に追われる焦りを抱いたことはありません。いつも企画を追っかけてました。

七一年にぼくが『少年マガジン』から『月刊現代』に異動になって、その後まもなく大伴さんも『マガジン』の仕事をやめてしまう。その頃、まだ実現していない企画のストックを数えてみたら、

★——映画のリハーサル・シーンを写真構成した巻頭グラビア《黒沢明の世界》。『少年マガジン』一九七〇年四/五号掲載

五〇〇本以上ありました。それは五年間で彼が実現させた企画(二六〇本)の二倍の数字です。

マルチジャンルの博覧強記、マルチメディアな企画・構成力、読者心を摑むプレゼンテーション能力、時代を先読みするジャーナリスト精神、ポップかつ実験的な遊び心、雑誌の全体像を視野に入れた有機的イメージ戦略……。

さて結局、大伴昌司とは何者だったのか、という疑問の答えが、今ようやく見えた気がする。「マルチクリエイター」「情報デザイナー」といった目新しい肩書は、おそらく不要だった。

なんのことはない、ようするに彼は「編集者」以外の何者でもなかったのではないか。彼のあらゆる資質は、現在の編集者――特にヴィジュアル誌編集者が備えるべき、育むべきもののばかりのように思える。ただ、それぞれの資質が、誇張された戯画のように桁違いだった(それも本人の命をすり減らすほど)、とは言えるかもしれない。そう、まるで「雑誌の未来」をそのまま人格化して、あの時代へ送り込んだかのように。たとえ本人が雑誌をも超えるメディアを志向していたとしても、だ。

目に見えるものも見えないものも、実在するものもしないものも、とにかく世の森羅万象のパースペクティブを、一連のコンパクトな紙の上に図解・構成して、見る者に驚きを与えることのスリルとセンス・オブ・ワンダー。〈三〇年後の未来社会〉へも、それは受け継がれた、はずである。

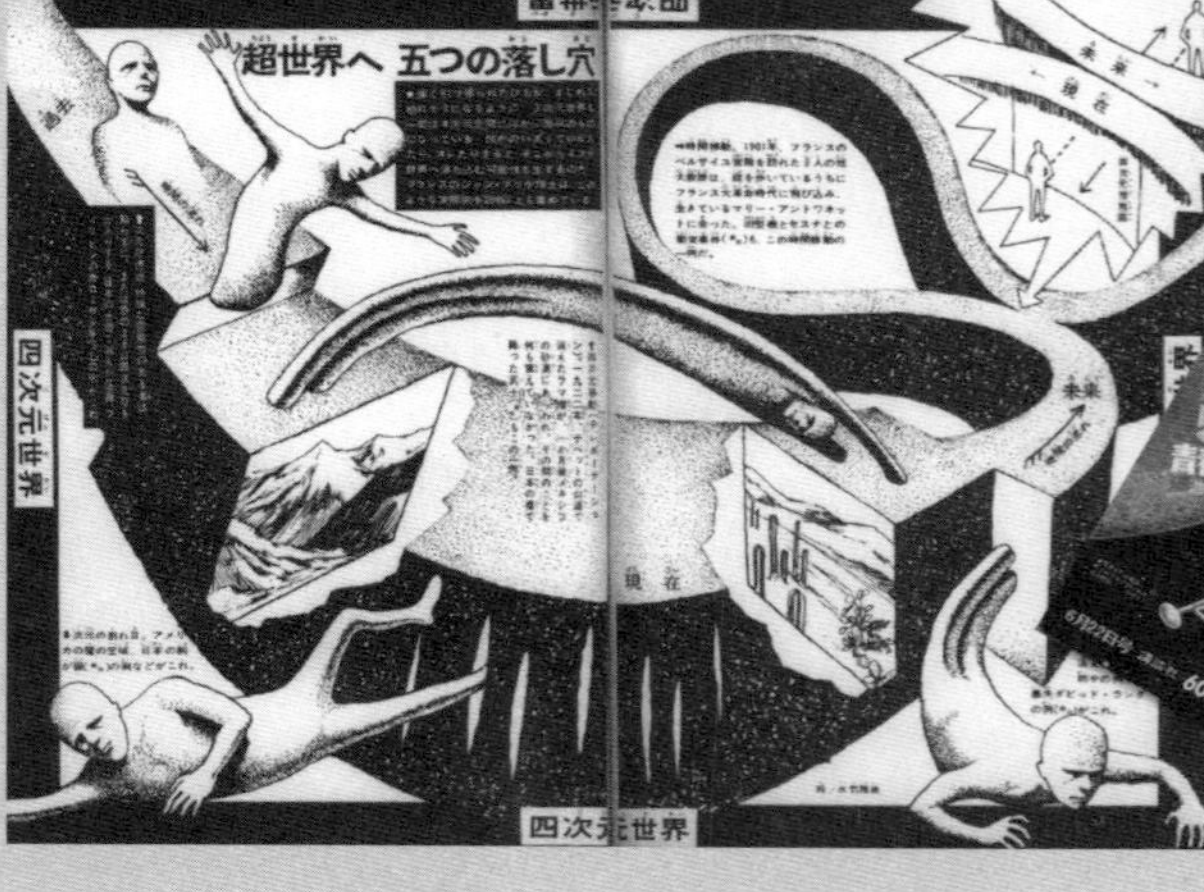

❶
❷
❸

❹

Fantasy

少年マガジン
Graphics ❶

怪獣やサンダーバードの作者も驚愕！実在しないはずのものを奔放なイマジネーションと緻密なロジックで図解する。まさしく大伴昌司の空想科学力と商業画家たちの職人芸が結託した奇跡の数々。

実在しないものの世界を図解する

❼❺
❽❻

❶1967年7/2号・構成＝大伴昌司・絵＝南村喬之 ❷1967年5/21号・構成＝大伴昌司・絵＝遠藤昭吾
❸1970年11/1号・構成＝斎藤守弘・絵＝水気隆義 ❹1969年6/22号（本文で言及） ❺1967年4/9号・構成＝大伴昌司・絵＝藤尾毅
❻1969年4/9号・構成＝大伴昌司・絵＝南村喬之 ❼1968年5/19号・構成＝大伴昌司・絵＝梶田達二
❽1968年6/22号・構成＝大伴昌司ほか・絵＝南村喬之

森のなかの怪物
すみきった青空にむかって、なにごとかほえたてている蛇神。蛇の頭には鋼色の羽毛がはえている。(メキシコ、チチェン・イッツァーの戦士の神殿。)

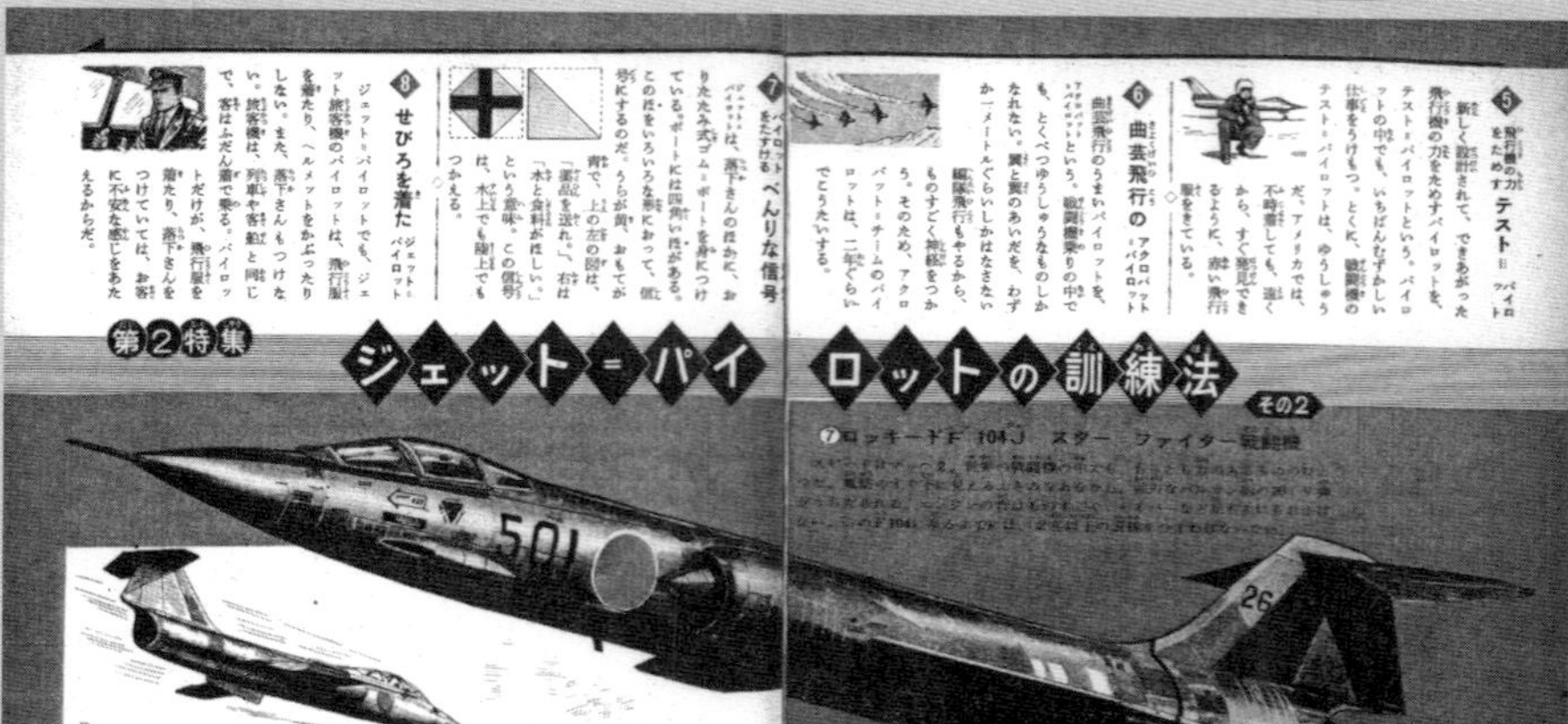

❶
❷

❶1969年12/1号・構成＝大伴昌司・写真＝田枝幹宏＋並河萬里＋山本正勝 ❷1963年1/13·20号・構成＝小山内宏
❸1970年11/29号・構成＝斎藤守弘・絵＝田染幸雄 ❹1971年3/7号・構成＝大伴昌司・写真＝大島康嗣
❺1968年9/29号・構成＝大伴昌司 ❻1963年1/6号・絵＝梶田達二

Document

少年マガジン
Graphics 2

『少年マガジン』を頂点とする60年代少年誌の図解文化は、戦記・兵器から始まった。それは空想科学を経てやがて森羅万象ノンフィクションへと発展し、よりリアルでワールドワイドな視野へと子どもたちを導く。

現実世界の仕組みを図解する

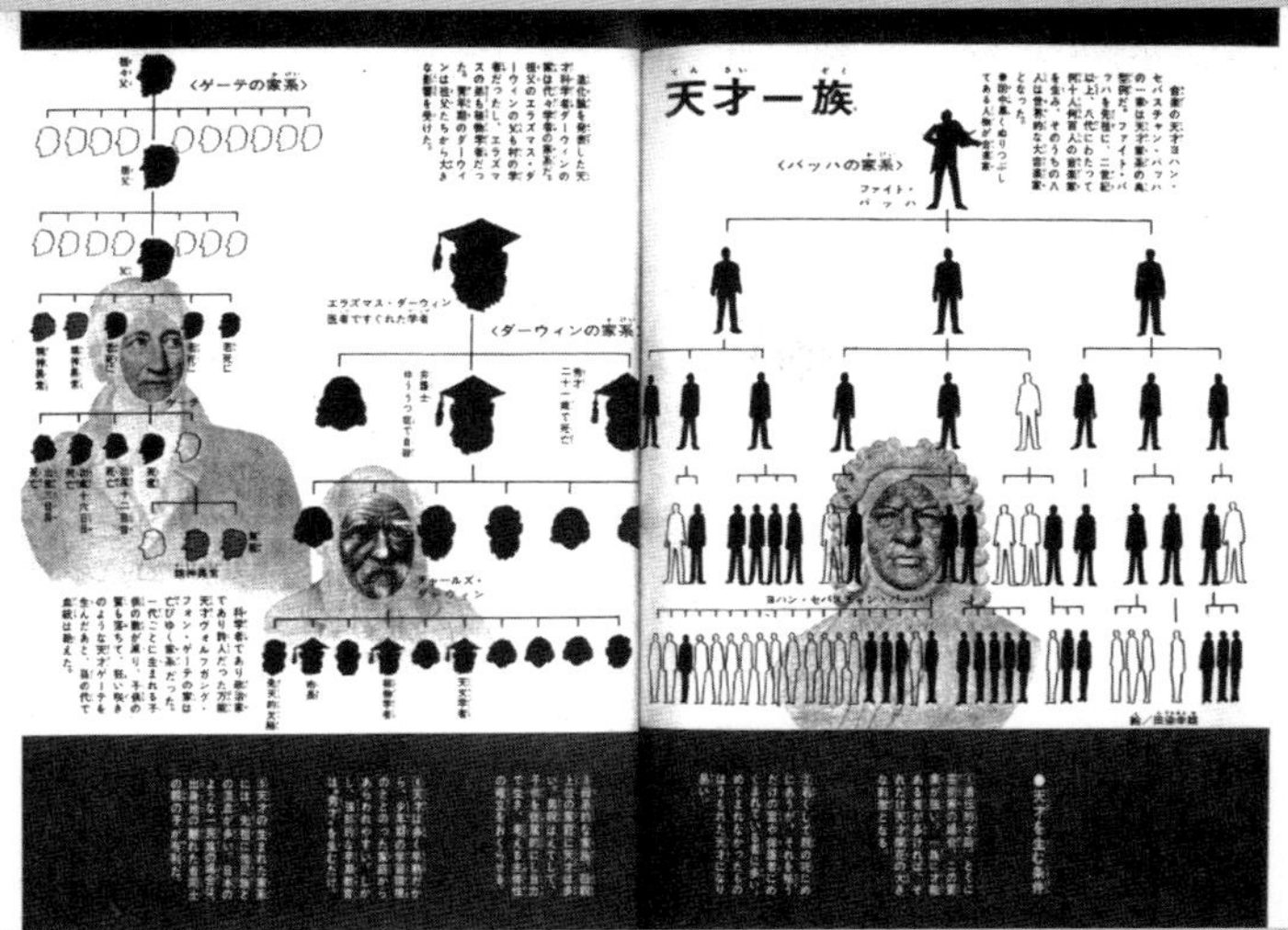

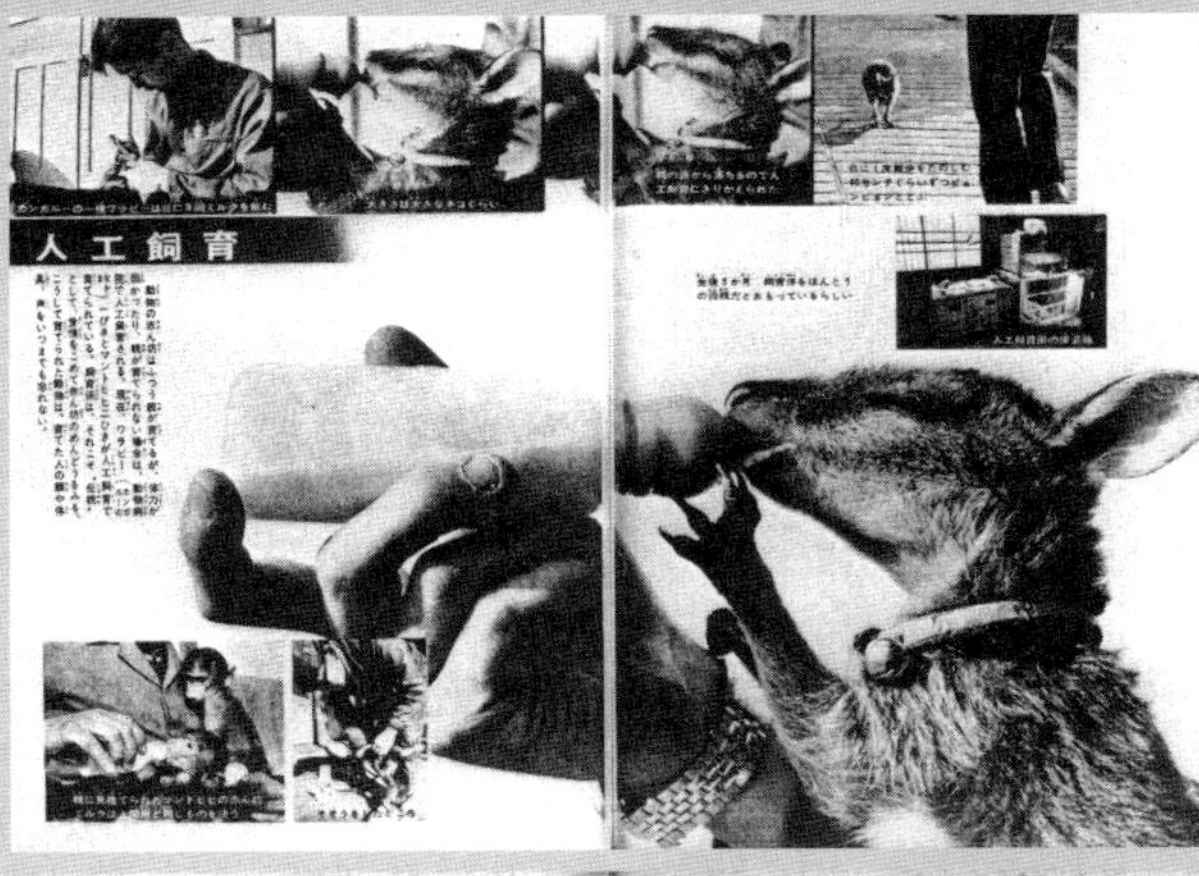

6

3
4
5

第3章

『ぴあ』

過剰な誌面がもたらしたもの

たとえばNTTのタウンページやJRの時刻表の「エディトリアル・デザイン」の起源や変遷について、あなたは深く考えたことがあるだろうか？　『ぴあ』という「雑誌」のエディトリアル・デザインを語ることは、ある意味でそれに近いことかもしれない。思わず「雑誌」とカッコで括ってしまった。確かにこの「雑誌」は、それ以前に「私たちが雑誌と呼んでいた一群の何か」とは、まったく異質な出自から、さながら非常口か地下通路を抜けて、書店の雑誌コーナーに紛れ込んできたのだった。

　といっても、その瞬間はけっして劇的なものではなかった。少なくとも、その雑誌の創刊メンバーである六、七人の大学生と二〇〇〇人に満たない最初の「読者」以外の、ほとんどの人々にとっては。いや、創刊メンバー自身だって、自分たちが作り始めたものの正体を、どこまで知っていたのか……。それがやがて《情報誌》という雑誌界の一ジャンルを形成し、雑誌のカタチと人々の雑誌観を一変させ、それがなかった時代を想像するのが困難なほどの「空気のような存在感」を獲得することになると、どこまで本気で予測できていたのか……。ちなみに彼らが雑誌創刊と両天秤にかけて練っていた起業プランのひとつは、カレー屋の経営だったという。

これが「雑誌」なのだろうか？

「その瞬間」は一九七二年七月。私が都内の大学に入学した年だった。『ぴあ』創刊号が書店に並べられていた光景を、確かに私は記憶している。でも、それがどこの書店だったのかは、思い出すことができない。一八歳の私は、どうやらそれを「定価一〇〇円に値する雑誌」と認めることができなかった

●『週刊ぴあ』（ぴあ）
一九七二年七月創刊。七九年に隔週化、九〇年に週刊化。八〇年代以降、本誌の他に『ぴあmap』『TVぴあ』などを創刊。また、八四年の「チケットぴあ」開始以来、情報サービス部門でも新たな試みを続けている

ようだ。当時すでに雑誌マニアであり創刊号コレクターだったはずの私としては、今思えば、自らの不覚・不明に内心忸怩たるものがある(『ぴあ』創刊号は現在ちょっとしたコレクターズアイテムだ)。が、当時の自分を弁護すれば、『ぴあ』創刊号は「画期的な雑誌」という以前に、そもそも「雑誌のカタチ」にすら見えなかったのだ。そのカタチは雑誌のそれというより、むしろ「ご自由にお持ちください」という添え書きとともに書店レジに置かれている新刊案内のパンフレットに、より近いものに見えた。

その作り手にとっては、やや酷な言い方かもしれない。「それにしても一〇〇円くらいケチケチするなよ」と言いたくもなるだろう。でも、『ぴあ』という雑誌が、そんな「雑誌以前のカタチ」からこの世界に出現したという事実は、現在にまで至る『ぴあ』のカタチの変容と、ひいてはこの「雑誌」そのものの正体を語るうえで、ぜひ踏まえておかなければならない。

その作り手・創刊メンバーのひとりであり、『ぴあ』の二代目編集長(初代は矢内廣・現ぴあ株式会社代表取締役会長兼社長)を長く務めた林和男氏(現・取締役執行役員副会長)に、まずそんな「酷な言い方」を投げかけてみた。

林――無理もないでしょう。実際、無料パンフだと思ってご自由に持っていってしまった人もいたかもしれない。なにしろぼくたち(創刊メンバー)の中には雑誌作りの基礎知識を持つ者などいませんでした。それどころか「雑誌を作りたい」という志向を持つ者さえいなかったのです。当時のミニコミブームが追い風になった面はあるにしても、自分たちも何か雑誌をやりたいといった動機はなかった。そもそもの発端は、いかにも無料パンフでした。当時、都内の各

★――名画座(大井武蔵野館)の上映スケジュールのチラシ。『ぴあ』の〈カタチ〉の原点

名画座には一ヵ月単位の上映スケジュールだけを載せたチラシが置かれていたのですが、あれをひとまとめに網羅した情報源があればいいのに――という映画ファンとしての自分たち自身のニーズ。同じニーズを持つ人が少なくないなら、そこに情報商品としての価値が潜在するのではないかという希望的観測。それが『ぴあ』というカタチになり、それはぼくたちに唯一可能だった「雑誌のカタチ」をしていた――ということです。他に手段がなかった。編集知識はなし、ましてやデザインやレイアウトの知識もなしですから、そんなパンフレットとせいぜい映画専門誌の情報欄を参考に作るしかないわけです。

海外の『TimeOut』『pariscope』『cue』といった都市情報誌や関西の『プレイガイドジャーナル』を知るのは、ずっと後のこと。その程度の雑誌知識もなかったのです。最初のタイトルロゴは矢内自身の手描きをデザインしてもらったものですし、レイアウトは写植屋さんの指導を受けたり……。手探りの試行錯誤や紆余曲折を経て、『ぴあ』がある程度雑誌のカタチをなすようになってから、わかりました。もし自分たちに雑誌作りの知識やノウハウがあったなら、こんな雑誌は作れなかったし、作ろうとも思わなかっただろう、と。

「『ぴあ』を見て映画やコンサートに行くヤツ」というのが、後に（今も？）侮蔑的なイメージになったりもした。が、元来『ぴあ』は、映画・演劇・音楽（コンサート）に関する「二次情報」を必要としない、むしろマニアに近いファンに向けて作られた「一次情報源の束」だったのだ。つまり配給元や興行主の宣伝文句、評論家の提灯記事や小難しい批評を押しつけがましく感じていた「自立的な受け手」たち。彼

★――ロンドン、パリ、ニューヨークの都市情報誌（『TimeOut』『pariscope』『cue』）

★――関西の情報誌『プレイガイドジャーナル』（通称ぷがじゃ）一九八三年二月号。「街をぼくたちのライブ・ステージにするために！」のキャッチフレーズが入っている

らが必要としているのは「いつ、どこで、だれが、何をする」といった文化的イベントのスケジュールだ。それを読み込み、使いこなし、行動し、作品を評価するのは、自分たち受け手の領分に属する——と、そこまで「自覚的」かどうかはともかく、少なくとも『ぴあ』のカタチが、七〇年代前半＝ポスト六〇年代の時代相を象徴的に反映するものだったことは確かだ。

ただし、それはどこまで意識的なものだったのか。

《もの言わぬ饒舌誌》のメッセージ

林——自分たちなりの情報観・情報誌観は、創刊当時から共通認識として確立していました。つまり❶平等性、❷客観性、❸完全網羅性、❹正確性、❺機能性——この五つが情報誌『ぴあ』のカタチを支える柱でした。七〇ミリの大作映画も八ミリの自主映画も、テアトル東京も豊島公会堂も、国立劇場も黒テントも、情報としては平等・等価なものとして扱う。そして、そこにだれかの主観を紛れ込ませない。「面白い」という情報を与えられた人が「面白くない」と感じたら、その情報は間違いだったことになる。そして、その選択肢はすべて網羅されていなければならない。そのためには少しでも選択しやすい機能や工夫が凝らされていなければならない……。《もの言わぬ饒舌誌》という矢内によるキャッチフレーズは、それらをひっくるめたものです。

口で言うのは簡単ですが、『ぴあ』誌面のレイアウトやデザインは、そんな理想と現実との戦場でしたね。今思えば恥ずかしいくらいのアマチュア的試行錯誤の連続。右開きの雑誌の「本文」を横組みにして左右どちらからも読ませたり、欄外全部にはみだし情報や読者投稿（＝「はみだしYouとPia」。七〇年代『ぴあ』の部数増に貢献したヒット企画）や写真やマンガまで空間恐怖症的に押し込んだり、さらにタイトル部分の空白に監督や俳優やミュージシャンのインタビューを詰め込んだり。雑誌の基本常識を打破しようとか無視しようとかじゃなく、とにかく量と速度を増し続ける情報をどうやって受け手に伝えるか、それしか考えられないシロウト編集者兼レイアウターの苦肉の策でした。でも、そうやってできあがったフォーマットが読者に受け容れられ、やがて他の雑誌にも波及して、今では雑誌界にすっかり定着しているのですから、不思議な気さえします。

図版と文字からなる独立した情報単位が、等価な断片として並列され、完結した見開き誌面全体を構成する——という、後の情報誌・カタログ誌・コラム誌では当たり前になり、現在の雑誌読者の目に凡庸にさえ映るかもしれない誌面構成は、少なくとも雑誌では『ぴあ』が嚆矢だったと言っていい。が、そんな情報誌としての機能性・道具性を究めた「過剰な誌面」が、この雑誌に斬新な活気をもたらしていたのは確かだとしても、それだけで「チラシの束を使いこなせる」または「《もの言わぬ饒舌誌》のメッセージを読み取った」アクティブな観客（＝コアな読者）のための実用誌の域を超える、広範な読者を獲得できたとは思えない。

ぴあmap、そしてチケットぴあへ

創刊の翌年に初めて『ぴあ』を買ってみて以来、買ったり買わなかったりの「周辺ユーザー」だった私自身がようやく「読者」になれたのは、たぶん七五年のことだった。その頃、《もの言わぬ饒舌誌》は、雑誌としての顔とキャラクターを持ったのだ。それもかなり強烈な。

その年の『ぴあ』九月号（当時は月刊）の表紙に描かれた新作映画『フレンチ・コネクション2』のジーン・ハックマンを見たときこそが、私と『ぴあ』の関係にとっての「劇的な瞬間」だったかもしれない。問題は描かれたハックマンではなく、描いた及川正通である。華麗かつポップなタッチで権威を痛烈におちょくる問題作を描き続けていた、当時おそらく最も危険な毒を持つイラストレーターが、突然『ぴあ』の表紙を描き始めたのだ。この一見ミスマッチな異化効果が、《もの言わぬ饒舌誌》の逆説的イメージに妙にハマった。そして三〇年後の今も、ハマり続けている。

林――――「三〇年」というのは、実は『週刊新潮』の谷内六郎さんや『週刊文春』の和田誠さんより長いんですね。当時、表紙については悩み迷い続けていたのですが、及川さんに白羽の矢を立てて口説き落としたのは矢内の直感と熱意でしょう。情報だけがウリである雑誌にとってインパクトのある顔やキャラクターが、エンタテインメントの豊かさや深さを伝える上でどれほど重要だったか、よくわかります。しかも及川さんの絵柄は唯一無二でけっして古びない。『ぴあ』の顔ができて一年後の七六年一〇月号で、もうひとつ大きなデザイン改革が起きます。

★――谷内六郎による表紙の『週刊新潮』。写真は一九六七年六／三号

★――和田誠による表紙の『週刊文春』。写真は一九七八年九／二一号

★――及川正通による表紙の『ぴあ』。写真は一九七九年一〇／一二号（隔週刊化号）

この号から取次を通して定価も一五〇円になるのですが、それを期にアートディレクター（高山清氏）を起用して、レイアウトの全面見直しを行いました。

そして次の改革は七九年一〇月一二日号から隔週刊化、その目玉として登場したのが《ぴあmap》でした。創刊以来、地図の重要性は認識しさまざまな形で載せてはいたのですが、やはりこれまでにない、見て楽しい、でもイラストマップとも違う精密なカルチャー地図を創りたい。そんなときに「発見」したのが、大阪万博の会場地図や平凡社の『百科年鑑』の図版などを作成していた森下暢雄さんでした。まさに理想的な人材でしたね。そして《ぴあmap》は予想を超えた大ヒット企画になり、独立商品としてシリーズ化されるまでになりました。『ぴあ』自体「文化を歩くための地図・標識」のつもりで作ってきましたから、それは自然な流れでした。さらにその五年後に《チケットぴあ》のシステムに行き着けたのも、そんな発想の延長にすぎないものでした。いわば、チケットも興行ごとの座席の信用情報なのですから。『ぴあ』がエディトリアルな技術革新に常に敏感に対応できたのも、ぼくたちが雑誌そのものより情報へのこだわりを持ち続けた結果なのでしょう。そもそも大都市に迷い込んだ新参者が自分で道路標識を作る——そんな試行錯誤を、ずっと続けてきたのですから。

三四年間の『ぴあ』誌面を眺め返してみると、そんな「自然な流れ」と「試行錯誤」のパラドキシカルな歴史が、また別の次元の饒舌さで伝わってくる。一時期『東京ウォーカー』に引っ張られてか巻頭ラーメン特集などをやっていた『ぴあ』が、また最近はシンプル（あくまでも『ぴあ』的なシンプルさ）な誌面へと原点回帰しているのもわかる。

隔週刊化、CTS（電算植字システム）導入、《チケットぴあ》開始、週刊化、全誌面カラー化、大判化……と、それなりの目まぐるしさで誌面刷新、デザインのマイナーチェンジ、タイトルロゴの変更が繰り返されたにもかかわらず、『ぴあ』という雑誌の基本的なカタチやキャラクターは一貫している。それは表紙のせいや「創業者の目がまだ黒い（笑）」（林氏談）せいだけでなく、情報とその〈平等性・客観性・完全網羅性・正確性・機能性〉への『ぴあ』自身の信仰に近いこだわりの賜物なのだろう。そんなものが見えてくるからこそ「雑誌という生き物」は面白い。

また、『ぴあ』が雑誌界の周縁に紛れ込んだ異物だったからこそ、それが雑誌というメディアの本懐や可能性を逆説的に体現している面もある。実際、デジタルメディアの情報検索・閲覧に慣れてしまうと、情報誌『ぴあ』のアナログな総覧性とランダムアクセス性が人間の生理に、よりマッチしたものであることを再認識したりもする。おそらく『ぴあ』が「雑誌のカタチ」を選んだとき、雑誌の側もまた「『ぴあ』のカタチ」を受け容れたのだ。

「『ぴあ』は文化に情報フェチ化と悪平等主義をもたらした」と言う批判者は、まだ『ぴあ』を使いこなせていないだけかもしれない。

Screen Table

ぴあ
Graphics 1

「全米No.1ヒットの超大作」も「自主上映の16ミリ映画」も等価な情報として網羅される誌面は、まさに紙のデジタルメディア。無機質なモノクロの一覧表は読者(ユーザー)の赤や青のチェックによって完成する。

映画情報の定型化とインデックス化

1976年 12月号

1990年 2/15号

2006年 8/3号

「情報だけでは不親切では」という配慮によって当初、各種記号によって映画の趣味・用途別分類を行っていた「ぴあ式早見表」(後に「ぴあ式インデックス」)も、今では姿を消している。

1972年 7月創刊号

1975年 9月号(及川正通起用)

2006年 8/3号

75年9月号以後も、隔週化、週刊化、チケットぴあ導入、ロゴ改変、カラー化、大判化……と進化を続けてきた『ぴあ』だが、その「風貌」はほぼ不変。

「街角の映画館のチラシがひとつに纏まれば……」そんな単純な発想から生まれた〈雑誌のカタチ〉作りは、途方もなく複雑で緻密な試行錯誤を要した。

●1976年 12月号

●1990年 2/15月号

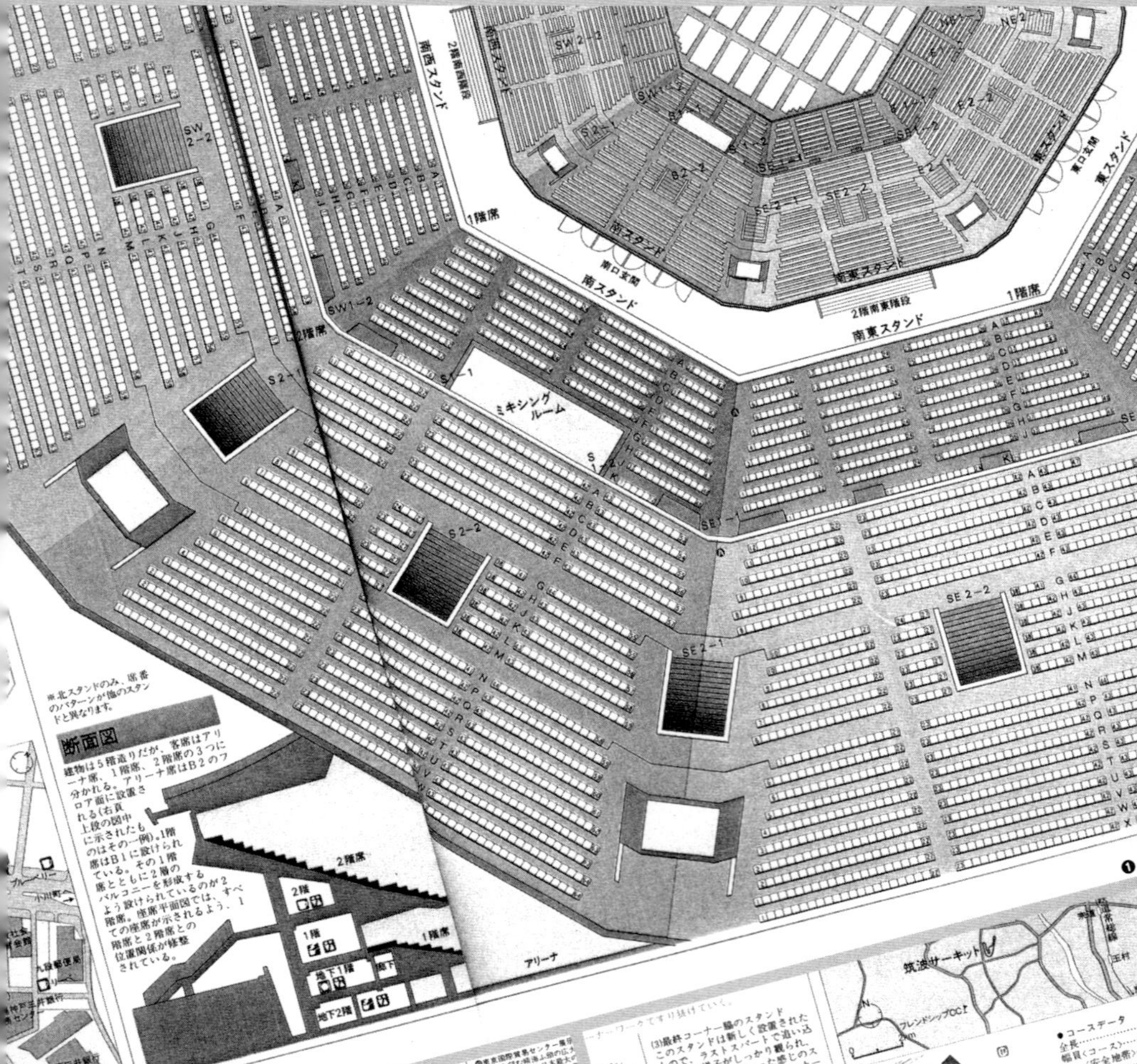

❶

❷ ❸ ❹

❶❷『ぴあhall map '91』· Map Direction＝(有)モリシタ
❸❹❺❽『ぴあMap '83』· Map & Design＝モリシタ
❻❼『ぴあグラフィティ'84』· Map & Design＝モリシタ

Cultural Map

ぴあ
Graphics ❷

文化情報の客観性･正確性･網羅性を極限まで追究するメディアにふさわしいヴィジュアルは、やはり精密なカルチャーマップ。《ぴあmap》は誌面のカラー化を促し、都市の文化地政学が可視化されることになる。

ストリートマップから精密なカルチャーマップへ

第4章
『週刊文春』
〈集合無意識〉のデザイン力

数ある雑誌ジャンルの中でも「週刊誌」と呼ばれる一群は、あらためて考えると不思議な代物である。そもそも「週刊誌」というのは「週単位の定期刊行誌」、つまり単に発行間隔に基づく分類にすぎない。そうであるなら、その総称が喚起するイメージには『an・an』や『ニューズウィーク日本版』や『少年マガジン』までもが含まれていなければならないはずだ。

　ところが、そんなことはまずありえない。「週刊誌」という言葉に触れた私たちの脳裏に起ち上がるイメージは、見事なまでに特定の具体的な〈カタチ〉を保っている。新聞四折りとほぼ同サイズのB5判・中綴じ。総ページ数は二〇〇前後。巻頭・巻中・巻末のカラー／モノクロ・グラビア。雑然とした目次。灼けたような色と文字通りザラッとした感触のザラ紙本文ページ。そして、それを繰る指は主に壮中年男子の脂ぎった……。カタチどころか生々しい触感にまで至る「週刊誌」のイメージ喚起力には、実に確固たるものがある（そこに「女性」という言葉が冠されると、まったくの別物となるわけだが）。その確固たるカタチとイメージは、どのように生成され保持され、そして変貌してきたのだろうか。本章はやや読者の意表を突いて、それを探ってみたい。

　その「週刊誌」代表として『週刊文春』を選んだのには、さほど深い意図があったわけではない。新聞社系よりは出版社系、先駆誌・後発誌よりは中発誌、読者層が特定であるよりは広範、そして「確固たるカタチ」の中にも変化と試行錯誤の跡がより多く認められる……といった微妙な判定の結果にすぎない。

　同誌創刊（一九五九年四月）スタッフであり七七年には編集長に就任し、後に文藝春秋社長も務められた田中健五氏、そして田中氏と同期入社、六〇〜六四年に編集部に在籍し、後に同社編集委員の傍ら

●『週刊文春』（文藝春秋）
一九五九年四月八日（皇太子御成婚の二日前）創刊。刷部数七五万部、初代編集長は上林吾郎。二号から表紙撮影は秋山庄太郎に。七七年五月一二日号より和田誠が表紙イラストを担当

『歴史としての文藝春秋』等の著作もある金子勝昭氏にお話を伺った。「『週刊文春』のエディトリアル・デザインなんて考えたこともなかったなあ」と異口同音の反応を見せた両氏だが、それは筆者自身も（おそらく読者も）同様である。無意識の集積が創り上げた「週刊誌のカタチ」だからこそ、それをあえて意識化（それも同期二者による〝立体的〟視点から）してみるのも面白そうだ、と思ったのである。

「デザイン」なんて使ったことがない

田中――文藝春秋にも今はデザイン室なんてものがありますが、当時は現場の仕事が未分化な状態でしたから、デザインを独立して意識するような視点も余裕もありません。新聞社の整理部みたいなものもないし。分業化されていたのはカメラマンくらい。それは月刊誌のグラビアがあったからで。でも、「デザインの分業化」というコンセプトの卵のようなものが芽生えたのも、その頃だったと思います。というのも創刊直前、昭和三〇年代初めに芸大デザイン科卒のデザイナーが入社して、新聞広告のデザインなどを担当し始めた。それまではぼくたち編集者が自分で広告も作っていたので憶えているんです。『週刊文春』の表紙も彼がデザインしていたんじゃないかな。編集部は大まかに特集班・セクション（コラムや連載）班・グラビア班の三つに分かれていて――今もそうでしょうが――、当時はグラビア班にデザイナーがくっついていた。これは単純に印刷工程やスケジュールとの関係です。なにしろグラビアはギリギリ入稿ですから。印刷所との綱渡りの連携という必然的な結果として、印刷サイドの意向・助言が誌面のカタチのいろいろな微調整に反映している、という面があったんじゃないでしょうか。

金子———「デザイン」どころか「レイアウト」という言葉も、あまり使った憶えがないですね。活版のたとえばタイトル部分なんて、担当者が前号のページをビリッと破いて「これと同じでお願い」と原稿に添えるだけ、という調子でしたから。もちろん『週刊文春』には、専用の割付用紙がありましたが、なにしろ二〜三日で取材して一晩で書き上げて入稿でしょ。その間に事件や飛び込みネタがあれば、それも押し込まなきゃいけない。そういう方針だったんです。『週刊新潮』なら、次週まで寝かせてじっくりイジワルな捻りを加えるところでしょうが。文春という会社は歴史的に同人的社風があるせいか、組織的に緩くて長期戦略に疎いところがあるんです。良く言えばリベラルで柔軟なんですが、悪く言えば行き当たりばったりで恣意的。だから『週刊文春』のカタチにもそれが出るんでしょう。デザインというのはトータルな視点があってこそ成立すると思うんですが、そんなものはなくて、おまけに週刊ですから。すべて個々の担当者まかせでした。たまたま担当者が凝り性ならそのページはちょっと凝ったものになり、そうでなければいい加減なものになる。しかも編集長がまたコロコロ代わるから、その個性や体質によっても変わってくるんです。

「デザインとは、意味ある秩序状態をつくり出すために意識的に努力すること」(ヴィクター・パパネック『生きのびるためのデザイン』阿部公正訳・晶文社)だとすれば、確かにこの「デザイン」はその定義から外れるのかもしれない。でも、時間的・物理的な制約の中で、ひとりでも多くの読者を獲得するため、雑誌を持続させるため、さまざまな無意識が錯綜し葛藤し、結果的・統計的に生み出された「(無)秩序状態」にも、戦略的なアートディレクターの意図とはまた異質な「意味」や「努力」や「意識」が潜んでいるはずである。

創刊後数年間の『週刊文春』をまとめて眺めてみると、そんな崖っぷちギリギリの「デザイン」の生成と試行錯誤の過程が、まるで炙り出しのように見えてくる。締め切り間際に最低限の基本だけは踏まえて大急ぎで構成されたページ、やや余裕のある時間を大胆かつ実験的な構成に費やしたページ、先発誌やライバル誌を巧妙または露骨に模倣したページ……。それらが互いに積み重なり合って、やがて、いつの間にか現在へと連綿とつらなる「『週刊文春』のカタチ」へとデザインされていく。大勢の「無意識の意図」によって生命を吹き込まれた雑誌という生き物が、自身で「生きのびるためのデザイン」を志向し始めるプロセスが、変色したザラ紙に刻印されている気がする。おかしな言い方だが、当時の活字書体やヴィジュアル素材の選択肢の乏しさが、かえって不思議な秩序と統一感を醸し出していて、今見ると「美しい」とさえ感じられるのだ。

金子――確かに今見ると「なんだ、ずいぶん禁欲的で上品だったんだな」と思えてしまいますね。それでも、当時の『週刊文春』の世間的イメージは『月刊文藝春秋』より数段ステイタスが低くて(つまり、出版社系週刊誌そのものがうさん臭くて)、名刺を見せるとヤクザみたいに思われたものです。「トップ屋」と呼ばれたフリーの外部スタッフも七〜八人いました。初代編集長の上林(吾郎)

が『週刊明星』から引き抜いた梶山（季之）軍団。編集部の総勢は二〇人ぐらいだったかな。昼も夜もない体力勝負の男の世界でしたね。週刊誌の「伝統」的デザインに書き文字タイトルがありますが、あれは活字から写植への過渡的文化という以前に、専門の書き文字屋さんが傍に張り付いてくれている方が仕事が早かったからですよ。

書き文字について若干補足しておく。写植初期のオペレーターには女性が多く、深夜労働を強いるわけにいかなかった結果、写植時代に入っても週刊誌界には「活字・書き文字文化」が根強く残ったと言われる。活字よりインパクトの強い「週刊誌的」な扇情的タイトル書体を求めると、書き文字という選択肢しかなかった。「早い」とは、つまりそういう意味である。

田中——昭和三九（一九六四）年にぼくは、アメリカの『TIME』誌の製作現場を見学して、その分業化の徹底ぶりを目の当たりにしましてね。ページの台割が「US（アメリカ）」「ワールド」「カルチャー」などと分かれている。そしてそれぞれのセクションに、男性のスタッフ・ライターと女性のリサーチャー（調査員）が十数人ついている。リサーチャーは、スタッフ・ライターの原稿の固有名詞や数字を徹底的にチェックするのです。もちろん、こういう台割別のセクションの他に、アートディレクションの集団もあります。そういうシステムから、積木をつむようなカチッとしたクールなスリックマガジン（上質紙を使った高級大衆誌）ができるのはわかる。でも、日本流の「週刊誌」はやっぱりそれとは異質で独特で、ああはならないん

★——表紙が変わる予告が載った『週刊文春』一九七七年五／五号

★——和田誠による表紙イラストが始まった『週刊文春』一九七七年五／一二号

だね。なかなか欧米化しない。ザラ紙から離れられない。もちろん日本語のデザイン処理の難しさ、といった問題もあるんだろうけれど。でも、「クール」なマガジンハウス系とは別に、こういうエモーションに訴えるカタチを持つ雑誌文化が確かにある。

センセーショナリズムからグラフィズムへ

七七年、『週刊文春』編集部に一八年ぶりに編集長として復帰した田中氏は、その時から三〇年後の今日にまで至る、同誌のイメージを決定づける「デザイン刷新」を断行する。

その年の五月五日号の表紙は、読者の度肝を抜いた。真っ白な地に誌名の新ロゴ（金赤）と特集記事のタイトル帯（金赤＋スミ）・発行日・価格だけが印刷され、それらの間の広大な空白の中央に「来週から表紙が変わります。」と控えめに予告コピー（スミ）が打たれている。それは週刊誌史上に前例のない「白紙表紙」であると同時に、表紙を使った一種の「ティーザー広告」（消費者の興味を惹くために情報を小出しにする「焦らし」広告）でもあった。

そして、その「来週」の五月一二日号から、創刊以来の「伝統」だった女優・時の人の顔写真（撮影・秋山庄太郎〜立木義浩）が消え、記事タイトルも消えた表紙は、和田誠によって描かれ続けることになる。週刊誌がこれほど鮮烈かつスマートにその「顔」を刷新し、しかも成功を遂げた例はかつてなかったと思う（同様な手法は後に『平凡パンチ』『週刊朝日』等でも使われるが、成功とは言いがたい）。

表紙における「センセーショナリズムからグラフィズムへ」の転換は、一面で創刊時への回帰でもあ

★——秋山庄太郎撮影による表紙の『週刊文春』一九六七年一／二〇号

★——立木義浩撮影による表紙の『週刊文春』一九七一年一一／二二号

★——表紙には記事タイトルが一切ない。『週刊文春』一九八九年四／六号

り、また月刊誌や『週刊新潮』の「ギャラリー表紙」の前例を踏襲したにすぎない、とも言える。が、このケースは、週刊誌のカタチにおけるデザイン主義の要素がより前面に押し出された点で、積極的・画期的な意義を持ったと思う。ベン・シャーンらの影響を受けた和田誠のタッチは、田中氏がアメリカ雑誌に感じていた「クール」に通じるものでもあったかもしれない。

田中――いや、和田さんの起用を発案したのは、ぼくじゃなかった。それにあの白い表紙も、もとはといえば苦肉の策。和田さんは引き受けてくれたものの、彼が描き始められるまでの間を埋める表紙素材のストックがなかった。内情はあんなにキザなものじゃなかったんです。なにしろ『週刊現代』『週刊ポスト』も加わった週刊誌界の競争が激化して、『週刊文春』の表紙もそれに引っ張られてゴチャゴチャとエスカレートしていきました。やたら文字だらけ帯だらけの似たり寄ったりになってね。表紙の作り方自体も編集現場から離れてルーティン化していたし、ここらで一度アイデンティファイし直さなければいけない時期にきていた。最終的には表紙から（記事タイトル）文字が消えるわけですが、いきなり変わりすぎてもというわけで段階的に消していった。大半の読者は新聞広告や中吊り広告を目次代わりにしていて、すでに内容を知っているわけですから。もちろん例外的な大スクープがあれば、あえて表紙に打つケースもあるんですが。和田さんの表紙になってからでしょうね、女性読者が増え始めたのも。『週刊新潮』の谷内（六郎）さんの表紙が意識の端にあったことは確かですが、ああいうふうに長く完全に定着してしまうものになるとは思っていなかったですね。

★――谷内六郎が表紙絵を担当した『週刊新潮』一九五六年二／一九創刊号

金子――もともと『週刊新潮』から三年遅れて「追いつけ追い越せ」で創刊した雑誌ですから、常に意識はありました。谷内六郎さんは文春漫画賞の第一回受賞者(五五年)でもあったしね。表紙が和田さんのイラストになって文字が消えていった頃は、営業サイドから反発や不安も出ました。でも、当時の製作スケジュールだと表紙に時事的な目玉記事を打つのはキツい、という事情もありました。表紙は別進行だから間に合わないケースも出てくる。営業部や広告部との対立といえば、広告のことでもよく揉めました。なにしろ編集者たちは「雑誌は記事で売れるんだ」という矜持が今より強い時代でしたから、広告なんてジャマ者くらいにしか考えてない。「この記事は広告的・営業的にマズイ」なんていう発想は持ちようがない。たとえば広告媒体的に見れば、グラビアは全部カラーにしちゃった方が「有利」なのでしょうが、なかなかそうならないのは、やっぱりどこかに「週刊誌ジャーナリズムの伝統」へのイメージ的こだわりがあるのかもしれませんね。

試行錯誤を繰り返しながら

「日本の週刊誌」とは読者の心を掴み、情に訴えかける視覚メディア――と定義してしまうのは乱暴かもしれない。が、少なくともそのような志向性に沿ったディスプレイが施され続け、扇情的なプレゼンテーションやデザイニングの方法論を意識的・無意識的に発展させてきたことは、確かだと思う。

印刷技術の進歩によって活版がオフセットさらにはコンピュータ組版へと変遷しても、「扇情的な手書きタイトル」が「裁ち落としスミベタ地に100級ゴナU白抜きタイトル」に変わっても、その基本的なカタチは連綿と維持され、世代と人事異動を超えた時間との戦いの中で継承され続けてきた。

そのカタチの変わり方／変わらな方（おかしな日本語だが）のスタンダードを設定してきたのは、やはり週刊誌読者の多様な嗜好や気紛れな情緒と、それを直感的にキャッチアップし続けながら、他誌との熾烈な競合・共存に晒され続けてきた無数の作り手たちの「集合無意識」なのではないだろうか。それを合理化・分業化することは、ほとんど困難なことのように思える。

田中――――たとえば月刊誌はフルコース料理みたいなものです。シェフが前菜からデザートまで、そして器や盛りつけ方までをバランス良く考えて配膳して、それがうまくいけば達成感を得られる。でも、週刊誌はなかなかそうはいかない。素材をバーッとかき集めて、とにかく客の食欲をそそる料理に仕立てて器にブチまけて「はいよ、丼一丁！」みたいなものです。それでも素材選びや料理法や盛りつけ方にはそれなりの工夫や美意識も必要だし、「器なんか何だっていい」と嘯（うそぶ）いても、実際は何だっていいわけじゃない。「とにかく今週はこれ読んでくれ！」って目玉記事や問題提起ばかりに力を入れすぎて、つい囲碁・将棋欄を休載したら愛読者から激烈な抗議がきたりもする。そこにも細やかなバランスは必要です。その大前提あっての分業化でなければならないのに、最近は外部ですでに構成された企画や記事がそのまま誌面に載ってしまうケースも目立つでしょう。「構成・だれそれ」って署名入りで。つまり編集者が素材を料理

★――週刊誌の記事タイトルによく使われるゴナ・ファミリーの書体。「裁ち落としスミベタ地に100QゴナU白抜きタイトル」は次々ページの「週刊文春Graphics❶」を参照

ゴナU 愛のあるユニークで豊かな書体
ゴナE 愛のあるユニークで豊かな書体
ゴナDB 愛のあるユニークで豊かな書体
ゴナD 愛のあるユニークで豊かな書体
ゴナL 愛のあるユニークで豊かな書体

するのではなく、出来合いの料理を出前で取ってしまう。そうなると週刊誌編集者の仕事ってのは、いったい何だってことになるんでしょうねえ……。

卓越したアートディレクターがいたわけではない。すべてを知るスーパーヴァイザーもいない。週刊誌という「雑誌の中の雑誌」のカタチを創り上げてきたのは、デザインなど考える暇もなかった無数・無名の編集者たちの渾然一体となった「意識的・無意識的な努力」だった。それは確かに洗練された合理的デザインとは程遠かっただろう。が、それこそがこの紙メディアの影響力と問題提起力を「デザイン」し続けてきたのだ。その試行錯誤の歴史は、雑誌とエディトリアル・デザインの「未来への生きのび方」を、逆説的に示唆しているように思える。

Typesetting

週刊文春
Graphics ❶

「変わらないためには常に変わり続けなければならない」を地でいくような週刊誌のカタチ。その変遷は読者の無意識なヴィジュアル感覚の変遷を、実は最も如実かつ微妙に体現しているのかもしれない。

読み捨てられる気楽さが反映されたレイアウト

1964年
7/25号

今では合併号の恒例《ワイド特集》。新聞・テレビが報じたニュースの後日談を追う、週刊誌ならではの目玉企画だ。これが「ワイドショー」の語源か? 今から見るといかにも地味だが記事当たりの文字量は豊富。タイトルは全て書き文字。

▼

1989年
12/7号

カラーグラビアの大半が広告というバブル絶頂期。同誌自身も翌新年号が117万5千部の史上最大部数を記録。本文・小見出しは活字だが、タイトル部はすべて写植化されている。黒字にゴナU白抜きのスタイルが確立。

▼

2004年
4/15号

「ハチの一刺し」「疑惑の銃弾」「パチンコ疑惑」等数々の流行語を生んだ伝統のスクープ路線は、デザイン面でもさらにエスカレート。タイトル級数は巨大化しレイアウトも扇情度を増す。それでも要素と構造は不変。文中広告も健在。

「This Week」欄

書き文字
＋
活版印刷

1964年
7/25号

創刊直後から今も続く《This Week》欄。当時は巻頭の文化·芸能·メディア時評とは別の国内外トピックス欄だった。段間罫による見開き展開などささやかな工夫が随所に見られる。各項ノンブル脇に誌名白抜きロゴがすでにある。

活版印刷
＋
写真植字

1989年
3/15号

女性からサブカルまでカバーする多彩な連載陣と「右も左もぶった斬る」スクープ路線が合体し、デザイン的にもオヤジ週刊誌のイメージを脱却。一部では「硬派女性誌」などとも呼ばれた。『CREA』創刊への布石ともなった。

DTP
(Desk Top Publishing)

2004年
1/22号

創刊時と同じ5段組だが、活版からオフセットへ、文字は8ポから8·5ポ、1段14字から12字、1段35行から33行へと一回り大きく読みやすくなっている。また、タイトル部を中心に随所にDTPも導入され始めている。

読者の眼

特別レポート

読者ジャーナル

1分コーナー

ン界を解剖する

❶

世界の事件 秘薄

狙われたナセルのロケット技師

東京の谷間"タコ部屋の掟"

罠のある季節
—7—

生きている満洲帝国

骨肉の倫理

[illegible]

モンローのような女

センセーショナリズムを担う書き文字

均質な活字や写植文字の中にセンセーショナルでエモーショナルな異化効果を醸し出す手書き文字。街の看板やポスターにも溢れていたこのタイポグラフィ文化は、かつては週刊誌の中にも息づいていた。

ファッション界を解剖する
なわばり天国④
華やかな流行をつくるデザイナーの世界を探る

❷

特別ルポ 断層

ファッショ
なわばり天国④

❶1963年4/1号
❷1964年6/15号

夜の大阪商工会議所

保健飲料カルミック

プロ野球一年生の採点表

津軽海峡に消えた自衛隊員

失われた王冠

クローズアップ 王手を忘れた大野八段

東京オリンピックの演出者

最高給投手 金田の怪気炎

第5章

『ワンダーランド』

新聞＋雑誌のハイブリッド

「ぼくたちが『ポパイ』のことを考えながら、六本木呑み歩いてた時に、『ワンダーランド』って雑誌がバーンって出たんだよ。あの時、ギクッとしたね。でかい版で。植草甚一責任編集なんて」「焦ったよね。当時いろんなこと考えてて、自分たちもそういう気分で動いてるのに、『ワンダーランド』はそういうにおいが全部入ってるから気に入らなかった」（木滑良久～『証言構成「ポパイ」の時代』赤田祐一編・太田出版）

たとえ短期間であれ確かに実在した雑誌を「幻の雑誌」呼ばわりするのは、考えてみれば、おかしな話ではある。その一方で、時代の流れにうたかたのように消えてゆく雑誌の一冊一冊がすべて「幻の雑誌」である、と言えないこともないのだが。しかし『ワンダーランド』という雑誌に「ギクッとした」記憶を共有する者（もちろん木滑氏の「ギクッ」と私の「ギクッ」はまったく異質だったろうが）にとって、それがある種できすぎたファンタジーに思えることも確かなのだ。

実際、その月刊誌が『ワンダーランド』の名を持っていたのは一九七三年八～九月号の二ヵ月間だけだった。つまり『ワンダーランド』は「バーン」と二号出ただけなのだ。その後は『宝島』と誌名を変えて翌七四年二月号（通巻六号）をもって休刊。が、同年六月に版元を変えて四六判ペーパーバックマガジンとして復刊……。そしてその後の「『宝島』という名の雑誌」が現在に至るまで描き続けた軌跡は、もはやここで語るにはあまりに複雑怪奇すぎる。そのこともまた『ワンダーランド』という雑誌の神話化を、助長する一因かもしれない。

というわけで混乱を避けるためにも、ここで言う『ワンダーランド』は誌名にかかわらず創刊号から

◉『ワンダーランド』→『宝島』

一九七三年八月創刊（発行＝ワンダーランド、発売＝晶文社）。月刊。三号から『宝島』と改名し、一九七四年二月号で休刊。同年ＪＩＣＣ出版局（現・宝島社）に引き継がれ、その後、判型・内容ともに時代に合わせてリニューアルしながら現在に至る

★――『ワンダーランド』一九七三年八月創刊号（発行＝ワンダーランド、発売＝晶文社）

★――『ワンダーランド』一九七三年九月号（第二号）

六号までの「でかい判」（通常のAB判より一回り大きい）の雑誌を指す。それは雑誌の名ではなく「雑誌のカタチ」の名なのであり、ついでに私個人が抱くファンタジーの名でもある。

「オリジナルな幻想」の創出

『ワンダーランド』をやや乱暴に擬人化すれば、顔が植草甚一で、頭が津野海太郎で、心が片岡義男で、身体が平野甲賀――とでもなるだろうか。今思えばまさしく幻のような構成だが、当時は「編集長」がだれなのかもはっきりしなかった。が、少なくともあのカタチが津野・平野コンビから生まれたことは確かのようだ。

津野――ようするに「新聞」を創りたかったんですよ。元はと言えば『Rolling Stone』（米国のタブロイド判ロックカルチャー紙。後に雑誌化）の日本版を晶文社で出すために集まったスタッフでしたが、その話がお流れになってからも、とにかくタブロイド判で『Stone』に匹敵する新聞をやりたい、と。実はそんな話が舞い込む五年前に『ワンダーランド』の原型みたいな新聞を創ったことがあった。新劇からアングラまでの連中が集まって、英国の「怒れる若者（アングリー・ヤングメン）」世代の劇作家アーノルド・ウェスカーの三部作上演イベントをやったんです。本人を招いて、各地でシンポジウムもやった。そのパンフやポスターも兼ねた新聞を、ぼくと平野で創ったんです。佐藤信や小田島雄志が評論を書いたり長田弘が詩を書いたりして。新聞＝ジャーナルという媒体＝カタチ

★――『宝島』一九七三年一一月号（第三号）

★――『宝島』一九七三年一二月号（第四号）

★――『宝島』一九七四年一月号（第五号）

に思い入れがあったんですね。中国文化大革命の大字報（壁新聞）、アングラペーパー、『Stone』や『The Village Voice』のようなカウンターカルチャー紙……新聞は最先端の同時代的メディアだった。新聞活字を一段三〇字くらいでびっちり組むと、一六面で長編小説がまるごと入っちゃうくらいのボリュームがある。それに新聞活字は漢字仮名交じり文の濃淡を均質化してくれて、欧文の紙面に近いグレートーンのイメージが出せる。縦組みの日本語でも欧米の印刷物に近い雰囲気を作れるんです。『ワンダーランド』の基本的なイメージやフォーマットは、だから六八年にすでに出来上がっていたんです。結局、流通や書店の問題でタブロイド新聞は諦めざるをえなかったわけだけど、本文の新聞活字・字組・紙質・見出しのタイポグラフィなどは、ほぼそのまま『ワンダーランド』に踏襲されてますよ。でも、やっぱり大判とはいえ雑誌判型にして綴じちゃうと、なんだか普通だなあと欲求不満を感じましたけどね。

当時、『Rolling Stone』の版権にまつわる業界事情は知らなかった。でも、『ワンダーランド』から二ヵ月遅れで創刊された『ローリングストーン日本版』（発行・ローリングストーンジャパン株式会社）を見比べて、縦組みなのに『ワンダーランド』の方が本家『Stone』のイメージにより近いことを、確かに不思議に思ったものだった。

結果論とはいえ、『ワンダーランド』はこれまでにない「新聞＋雑誌」（それも欧米風）のハイブリッド・メディアを、いきなり完璧に近いカタチで実現させてしまったのである。木滑氏が「ギクッとし」て「気に入らなかった」のは無理もない。

★——『ウェスカー68』第二号。編集＝津野海太郎／デザイン＝平野甲賀で、一九六八年八〜一〇月に発行された一六ページ立ての新聞。『ワンダーランド』の原型がここにある

★——『ローリングストーン日本版』一九七三年九月創刊号（ローリングストーンジャパン）。A４判の左綴じで、本文は横組み

戦後の多くの先駆的編集者やエディトリアル・デザイナーは、それぞれの同時代のアメリカ雑誌に刺激され、それを模倣し、さらには提携によってその作法やイメージを取り込もうと腐心してきた。「猿マネ」の域を出ないものもあっただろうし、試行錯誤の末にそれなりのオリジナリティを獲得しえたものもあっただろう。ところが『ワンダーランド』の場合は、同時代の「アメリカ的なるもの」を表層的に模倣するという次元を飛び越え、それを「あらかじめ消化されたもの」として誌面から滲み出させ匂わせるレベルにまで到達していたように思える。いや、それはもはや対米追随やアメリカ幻想をも超えた、アメリカ的でも日本的でもない（かといって無国籍的でもない）「オリジナルな幻想」の創出だった。おそらくそれは『Rolling Stone』との提携に成功していたら、けっして実現しえなかったことではないだろうか（そんな皮肉な経緯については、創刊スタッフである高平哲郎の『ぼくたちの七〇年代』晶文社刊に詳しい）。

それは晶文社という特異な出版社が当時、醸し出していた「文化」でもあった。天下国家を大文字でアジる左翼出版文化とは一線を画し、個人の日常感覚から発される語り口をそのまま活字にしたような晶文社の一連の刊行物とその著者たちは、まちがいなく新時代・新世代の雑誌の出現を予感させていたと思う。私が今も記憶している『ワンダーランド』創刊号の新聞広告コピーは「ロックンロールとビートルズを子守歌に育った世代のための新雑誌」（不正確かもしれない）だった。

もちろん当時のロックやカウンターカルチャー（当然ドラッグも含む）への幻想が過大なものであったことは、とっくの昔に判明している。けれども、少なくとも八〇年代以前の雑誌というメディアは、良くも悪くも「作り手と読み手の共同幻想」によって生命を吹き込まれる生き物であり、仮構される共同体だった。当時のそれを媒介していたのが、たまたまロックやカウンターカルチャーだった、とい

★——七〇年代サブカルチャーが生まれる現場にいた高平哲郎の回想録『ぼくたちの七〇年代』（晶文社・二〇〇四年）

うだけだ。

『ワンダーランド』そして『宝島』という誌名は、そのことをものの見事に象徴していた。作り手と読み手の共同幻想力によって創られ、それが失われれば消滅する幻想の共同体。それ以前の雑誌名がたとえば『倶楽部（クラブ）』『〜の友』であり、それ以後の誌名が意味不明の記号と化していくことも、なにやら象徴的ではないか。

色彩的想像力を刺激する

晶文社で津野氏は、この誌名の由来にもなった『ワンダー植草・甚一ランド』のような「雑誌風書籍」を編集してもいた。既成領域を超えたクロスオーバーは『ワンダーランド』という雑誌のカタチの随所に見つけることができる。もっとも元来、それをこそ「編集」と呼ぶのだったが。

津野――あの誌面のサイズが、雑多なものが出会ってクロスオーバーできる空間を作りだしていた面もあるでしょう。今の大判雑誌みたいに贅沢に洗練された空間じゃなくて、とにかく空間貧乏性的に文字もヴィジュアルも詰め込めるだけ詰め込んでね。もちろん一応、平野がアートディレクターとして指示を出して、それに沿ってレイアウト作業をするんだけど、最後は本文活字の清刷・見出しの写植・イラストや写真の全要素を、大きなオフセット台紙に貼り合わせて完全版下に仕上げなくちゃならない。そうなるとアートディレクターも編集者もアシスタ

★――『ワンダー植草・甚一ランド』（晶文社・一九七一年）

ントも、スタッフ総出で切った貼ったの騒ぎになる。平野も「みんなここに好きなもの貼っていいよ」なんて言って。そう、コラージュなんだね、植草さんの好きな。そもそも大藪春彦と鈴木志郎康と松本隆と長谷川四郎と横尾忠則とマルクス兄弟が同時に出て来ちゃう、なんてのもコラージュみたいなものだ。まだ素材の版権もうるさくなかった時代だった。第四号の「ａｎ・ａｎ、ｎｏｎ・ｎｏの京都なんてどこにあるのだろう」というぼくの記事（無署名）では、文中に誌名が出てくるたびに本文活字サイズに縮小した誌名ロゴをいちいち切り貼りして使った。本文までがコラージュだから、切り貼りした本文のラインが各段でズレてないか、台紙を水平視線で見上げてチェックするのも全員の仕事。あれは当時、自在に剥がせるペーパーセメントやリムーバーやラバークリーナーがなかったら不可能な作業だった。ローテクながら「最新のテクノロジー」に支えられてたんだね。平野も「肉体労働のデザイナー」だから、とにかくバラ打ちされた写植を一字ずつ徹底的に詰め貼りする。文字の組み合わせによって字間のバランスを見極めながら、詰められるだけ詰める。それによって文字に独特の緊張感が生まれる。あれはもう書道に近いですよ。あのタイポグラフィは、おそらく原弘（はらひろむ）（戦時下の宣伝誌『ＦＲＯＮＴ』や戦後の『太陽』のデザイナー）→杉浦康平→平野甲賀という「系譜」なんだろうな。スミ一色なのになぜかカラフルなんだ。

「スミ一色なのにカラフル」――それは『ワンダーランド』の誌面そのものでもあった。そう言われてみて、表紙以外の全ページが単色刷りであったことに三〇年を隔てた今、初めて気づいたような不思

★――本文中に雑誌のロゴを活字サイズに縮小して切り貼り。『宝島』一九七三年一二月号（第四号）掲載

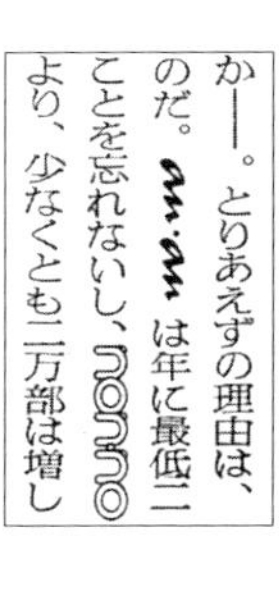
か――。とりあえずの理由は、
のだ。an·anは年に最低二
ことを忘れないし、non·no
より、少なくとも二万部は増し

議な錯覚さえ抱く。刷り色や紙色をちょっと変えてみる（実際に『ワンダーランド』で行われていたことだが）といった小手先次元のテクニックではなく、そこには確かに読者の色彩的想像力を刺激せずにおかないグラフィックな仕掛けが凝らされていた。

今眺めても、いや、今眺めるからこそ、その「モノクロームの万華鏡」のような色彩感は、昨今のヴィジュアル誌のファッションビルのような色彩を見慣れた目には、新鮮な発見だ。そう、こんなことも実は可能だったのだと、あらためて気づかされる。モノクロ時代の写真や映画に色彩的技法を発見するように。もちろんそれが、あの時代のあの個性と才能のクロスオーバーやコラージュによって、初めて可能だったにしても、だ。

ブライト社の通称「YSE＋かな民」のゴシック・明朝を基本書体として（あとはせいぜい太丸ゴシックの計三書体程度しか使われていない）、そこにロシア・アヴァンギャルド風の独特の書き文字を絡める平野タイポグラフィズム。台頭著しかった新人イラストレーターやフォトグラファーの競作ギャラリー。広大なフリースペースにそれらを際立たせるように詰め込まれた新聞活字のグレートーン。それらが巧妙かつ大胆に組み合わさって、カオス一歩手前のコスモス、さながら一幅の絵画のようなスペクタクルを展開していたのが『ワンダーランド』の見開き誌面だった。

津野――「レイアウト先行」ではなかったですね。大雑把なラフスケッチはあったけれど、後は文字量もなりゆき、行き当たりばったりの切り貼りレイアウト。今のアートディレクションのような厳密かつ計画的なものじゃなかった。編集部は青山一丁目の二軒長屋だったんだけど、

★――『ワンダーランド』で使用されている基本書体。右からYSEG＋かな民友ゴシック、YSEM＋かな民友明朝、平野甲賀デザインの書き文字

放浪だけの

邪魔となる

そこの二階にデザインルームがあった。といっても四畳半に机並べて、機械といえばトレスコープだけのスペースなんだけど。そこに平野と羽良多平吉、その後に渡辺行雄や吉富浩が加わって、常時数人のデザイナーが作業していた。平野と羽良多とじゃまるでデザインセンスが異質で、案の定いろいろとモメてたな。どっちも頑固だから。最後は羽良多が出てっちゃうわけだけど、彼が何号までのどのページをデザインしてたかが一目でわかるところはさすがだね。それもきっちりディレクションされた統一感よりも雑誌・新聞的なモザイク感やアクチュアリティを優先したい、という平野の狙いだったんだろうけど。アーティスティックな完成度より現在進行のダイナミズム。ツルツルよりザラザラな手触り。ただし、あくまでもアングラでも同人誌でもないポップな商品としての魅力を保って、そこはしっかりコントロールしながら、それでも「世の中そんなにキレイにゃいかねえよ」というシニシズムも保って。そのへんはまあ、「平凡出版＝マガジンハウス的気分」のようなものに対するぼくらの反発の表現でもあったわけだけれどさ。

「幻」にカタチを与える

七四年一月。この「最も新聞に近づいた雑誌」は、通巻六号を最後に唐突に世界から消える。

「主要な原因は、こんどの紙キキンです。またそれと並行して進みつつある、印刷・製本など、雑誌制作のあらゆる部門における急激な値上げ攻勢です」(七四年二月号「休刊に関するお詫び」より)

★――『宝島』一九七四年二月号(第六号・休刊号)

それが「ランド＝国」でも「島」でもなく、紙の束であったことを思い知らされた。半年を経て雑誌は四六判（後にB6判）に判型を変えた「ペーパーバックマガジン」として復刊することになる。そこでも同様の新聞活字や用紙は使われ続けていたのだが、あの新聞＋雑誌のハイブリッドなカタチはおそらく永遠に失われてしまった。

敢えてカタチにこだわってみる本書としては、ふと想像してみずにいられない。あのとき、もしもオイルショックがなかったら、あるいはスタッフがあのカタチへの固執を保持したまま復刊にこぎつけていたら、その後のあの雑誌はどのような軌跡を描いて見せてくれたのだろうか、と。それが成熟であれ衰退であれ、どのようなカタチでその後の時代と鬩（せめ）ぎ合い、折り合おうとしただろうか。そこには雑誌というメディアの未開領域が、今なお密かに広がっている気がしてならない。

> 「雑誌」をつくる意図は、最初からなかった。だから、この最初からすでに、『ワンダーランド』は「雑誌」をこえていることはたしかなのだが、できあがればやはり「雑誌」だから、その点が唯一のつらいところだと言える。ああ、幻には、手をつけなければよかった！　それはじつにすてきな幻だったのだ。
>
> こうなったら、目前の現実を、あの日の幻にまでもっていくほかはない。つまり、『ワンダーランド』は号を追ってさらに面白くなるということだ。

これは『ワンダーランド』七三年九月号（第二号、つまりこの誌名を冠した最後の号。ちなみに私はこの号が最

★――四六判にリニューアルされた『宝島』一九七四年七月復刊号（JICC出版局）

も好きだった）の目次下に、ゴシック活字で載っていた『第二号のこと』と題する巻頭言だ。執筆者は片岡義男。

本書は「昔の雑誌はすごかった」と郷愁に浸ったり先輩風を吹かせたりする意図で書き始めたのでは、けっしてない。前にも触れたように、雑誌は時代という生態系の中で生まれ死んでいく生き物なのだ。いくら「今読んでも新鮮」（逆に「今読むと陳腐」）だとしても、それが生きていた生態系から切り離して現在の雑誌と比べてみても、あまり意味はない。現在の雑誌がこのような生態系で、このようなカタチで生きていることには、この時代なりの理由や事情があるのだし、それは私たち自身が望んだことの一部でもあるはずなのだ。

が、それでも敢えて言うなら、そこで片岡が書いていたような雑誌観には、やはりどうしようもなく郷愁と憧憬を覚えてしまうのだ。幻に雑誌というカタチを与えてしまうことの痛みを楽しめる、格別の体験としての雑誌作り。それこそが「幻の雑誌」の名にふさわしい。

❶

Hybrid Style

ワンダーランド
Graphics ❶

このサイズでは誌面の圧倒的迫力が伝わらないのが残念。文字も写真もイラストも雑誌やアングラコミックの切り抜きも、編集者が面白いと思ったものを全部コラージュしてでき上がった新聞、と思えばいい。

「新聞＋雑誌」スタイルで生み出されたページ・レイアウト

❸

❹

❺

❻

❷

❶❷1973年8月創刊号　❸❺1974年2月号（『宝島』に誌名変更・第6号）
❹1973年9月号（第2号）　❻1973年11月号（『宝島』に誌名変更・第3号）

さきごろ外電で大西洋風船横断の試みが伝えられてきた。「ヤンキー・ゼファー」号という風船にボブ・スパークスという元騎手が乗り組み、アメリカ東海岸からフランスを目指して、さっそうと飛び立ったのだが、翌日にはもう雷雨に出会って、あっけなく北大西洋上に落ちてしまった、という。

礼砲用の大砲までとりつけた風船で

風船が発明されて、人類が空へのパスポートを手に入れた一七八三年以来、風船による大洋の横断はいまだに実現されていない夢のひとつである。ブランシャールとジェフリーが一八七五年に英仏海峡を横断したとき、風船は船にかわり得る乗り物として一躍脚光を浴びたのだが、その後、滞空時間に限界があることがわかり、大洋を横断するには巨大な体積の風船が必要だということになった。

一八〇四年、エチエンヌ・ロバートソン教授が発表した「ミネルバ」号なる風船のプランはまことに気宇壮大、大西洋横断どころか、世界一周でも可能なようなものだった。

教授のプランによると風船の直径は五十メートルという巨大なもので、滞空時間は六カ月、六十人乗りで、乗り組み員には下働きの雑役夫から科学者まで含まれている。もちろん女性も乗り組んでいるのだが、これは慰安婦ではない。それどころか、下賎なやからから遠く離れたところに寝室が用意されている。

医務室、便所、などが完備していることはいうにおよばず、礼砲用の大砲がゴンドラの前後に据えられ、ゴンドラから張り出した部分に教会があり乗組員たちを浄める。小旅行および地上との連絡用には小型の風船（といっても当時の規模では標準の大きさだが）を用いる。ゴンドラの下には巨大なワイシの大樽がつり下げられ、賢明なる教授は、このワインが飲みものになると同時に、ワインのもつ利尿効果を利用して、きわめて効果的なバラストの役目を果たすことも指摘している。

こういう人物を、しかし、天才というのであろうか、それとも早く生まれすぎた悲劇の人というのであろうか、当時の人びとはいっこうにロバートソン教授のプランに熱意をしめさず、すばらしいプランの詳細を描いた銅版画を一枚後世にのこして、そのまま立ち消えになってしまった。

つぎのプランは一八三七年J・W・ホアーという英国人の手になるものだ。かれは経済的な才能もあったようで、この計画には八万ポンド（当時の庶民の年間平均収入は約五十ポンドほど）かかるが、かならず倍になって帰ってくるとふれまわったものだった。

風船はモンゴルフィエール型（熱い空気のもつ浮力を利用する風船）で高さ四十三メートルというこれまた巨大なものだった。滞空時間は一カ月から二カ月。優に大西洋が横断できるものである。

ホアーの風船計画の最大の欠点は、かれが、このときになっても、熱風船が飛ぶのはしめった わらと、腐った肉をもやしたときに出る神秘的な煙のためだと信じていたことだ。（モンゴルフィエ兄弟は、人類最初の熱風船を発明したとき、このふたつの材料からの煙がなければじゅうぶんな浮力が得られないと信じていて、パリで大群衆を集めた最初の実験のときも、わらと腐った肉を大量に使ったため、見物に来ていた興味津々たるマリー・アントワネットも、煙の臭気のため近づくことができなかったという）よしんば計画通り一カ月以上も空の上に浮んでいることができたにしても、この煙に一日でもつき合いきれるような乗り組み員はみつからなかったにちがいない。

それでもホアーは敢然として計画に着手した。一八三八年五月二十四日、ロンドンで「クィーンズ・ロイアル・エアロスタット」号は初実験にこぎつけた。ところがなんといっても自重が重すぎた。いくら下で火をたいても、風船はゆらりとも浮き上らない。そのうち煙の臭気にいら立った群衆が、怒って石を投げはじめ、苦心の作である風船は無残にもこわされてしまったのである。

もちろん、天才とは九九パーセントまで執念から生まれるという格言どおり、ホアーはその翌年ふたたび巨大な風船を復活させる。そして、そこが天才の天才たるゆえんなのだが、風船の規模は一段と大きくなっていた。実験の結果は——前年とまったく同じ。これをさかいにホアーは風船史から姿を消す。

蒸気船をつり下げた風船

舞台はアメリカに移る。一八四三年、アメリカの「風船の父」と呼ばれているジョーン・ワイズはアメリカ側からの大西洋横断計画を発表したが、資金ぐりの関係でじっさいに風船ができ上ったのは一八五九年になってからだった。

その間にひとつの茶番があった。

一八四四年四月十三日のことである。〝ニューヨーク・サン〟という新聞にモンク・メーソンと七人の乗り組み員が、風船で大西洋を横断してサウス・カロライナ州の海岸に到着したというニュースが載った。これはすぐにデッチ上げ記事だということが判明するのだが、その報道の真に迫りかたといい、華麗なる文章といい、その当時新聞記者をしていた、エドガー・アラン・ポーの作だということになっている。

ワイズの風船は「アトランティック」号といい、万一大西洋上に着水したときは漂流できるようにフロートがついていた。セントルイスから実験飛行を行ったワイズのあやつる風船は、十九時間五十分飛んだだけで地上におりる。とても大西洋を横断できる時間ではない。おまけに途中、エリー湖上で嵐にまき込まれて着水し、フロートを切り離してやっとのことで再上昇できたという、まことに惨憺たる飛行だった。

同じ年、ワイズのライバルであるロウイーもまた、大西洋横断計画に乗り出す。かれの風船の特長はそのゴンドラにある。蒸気船をまるまるつり下げようというのである。風船の直径四十三メートル、浮力は二十二・五トンあったという、ちょっとした船ならつるすことができる。

最初の実験はニューヨークのマンハッタンのド真中、五番街と四十二丁目の角で行われた。ところが、ニューヨークのガス会社が風船に浮力をつけるだけのガスを持っていなかったので、船をつるした風船は浮かび上らなかったのである。

翌一八六〇年、ロウイーはいよいよ大西洋横断にフィラデルフィアから乗り出すことになった。待ちに待った順風の日がやってきた。風船はガスをいっぱいにはらんで、いつでも浮かび上がることのできる体勢になった。ところが、出発直前、不運なことに一陣の突風が風船に襲いかかり、蒸気船をつるした風船は地面にたたきつけられてこわれてしまう。

このあと、アメリカは南北戦争にまき込まれ、風船で大西洋横断などと悠長なことをいってはいられない時代になるのである。

ボートをぶら下げた風船が……

南北戦争ののち、「風船の父」ワイズはふたたび復活する。こんどの計画ではゴンドラは二階建てになっていて、上が居住区、下が器材食料置場というぐあいに分れていて、その下にボートをぶら下げて、いざという場合にそなえるようになっている。おまけに補助風船がふたつついていて、メイン風船のガスが抜けたときに補給で

写真＝市吉三郎

❺❹❸❷ ❶

以下すべて『宝島』に
誌名変更後の号
❶❸ 1973年11月号(第3号)
❷ 1974年2月号(第6号)
❹ 1974年1月号(第5号)
❺ 1973年12月号(第4号)

大判の誌面を活かした写真レイアウト

この超大判雑誌は発表の場が限られた若手写真家の作品を大胆にフィーチャーするグラフジャーナリズム誌の側面も備えていた。のちに、誌面が1/4になった『宝島』にも、そうした姿勢が継承されたところも面白い。

ワンダーランド
Graphics 2

Photo Design

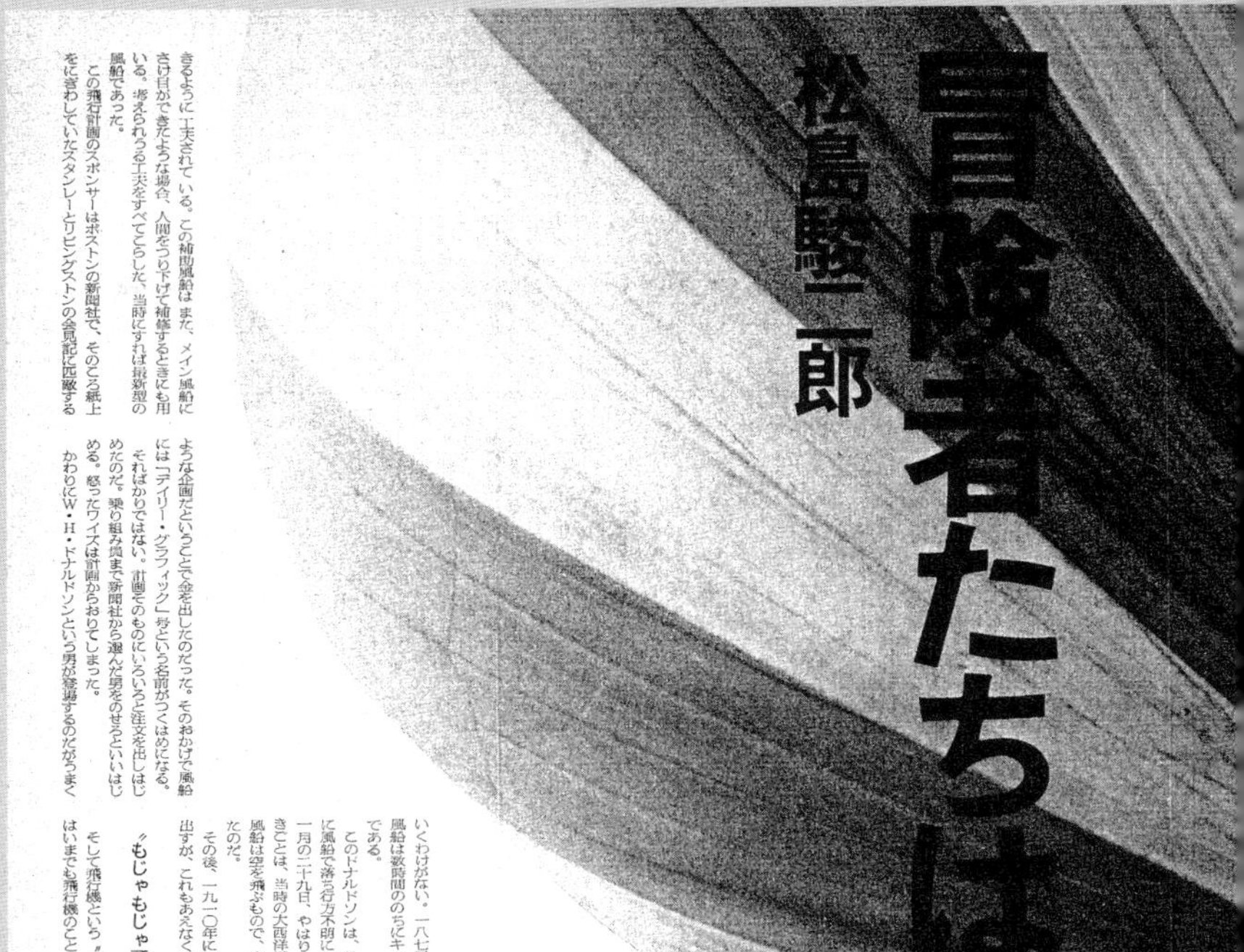

冒険者たちは風まかせ

松島駿二郎

組み員として選ばれた。アーノルドは、〝バシィ〟つまり、〝もじゃもじゃ頭〟というあだ名のほうが通りのいい男である。

かれらの風船は「小さな世界」号と名づけられた。ゴンドラは完全に船の役割りも果すもので、推進は足ぶみペダルでスクリューをまわすようになっている。もちろん帆走もできるように設計された。

一九五八年八月十二日、「小さな世界」号はカナリア諸島から離陸した。これまでの諸計画とは逆コースである。〝もじゃもじゃ頭〟は考えたものだ。コロンブスが大西洋を横断したときに使った風に乗っていけば、とうぜんカリブ海にたどりつくことができるではないか、と。このめぐみの風は貿易風として知られているものだ。万一途中で海に落ちても、帆走できる可能性が強い。貿易風は時速十五キロから二十五キロで吹いている。目的地まで五千五百キロとしても十日から十五日ぐらいで横断できると考えたのだ。

はじめのうち「小さな世界」号は順風に乗って飛んでいった。長時間飛行のひけつは、なんといっても一定高度を保つことだ。しかし、致命的なのは昼と夜の気温の差である。気温が一定している夜間飛行は、バラストやガスの損失なしで行えるが、風船は夜明けとともに上昇しはじめる。太陽熱で内部のガスがぼう張するからである。だから昼間の飛行ではガスの損失が大きい。

〝もじゃもじゃ頭〟の一行が飛び立つまでの風船による滞空時間の記録が、一九〇八年のゴードン・ベネット・レースのときにスイス人によってつくられた七十三時間四十一分というのも、こんな理由によるのだ。

「小さな世界」号はそれでも九十六時間飛びつづけ、千二百海里を飛行した。そして着水。この寸前に風船は上昇気流にのせられ、高々度に舞いあがり、ガスの流出に耐えられなくなったのであった。乗組員たちは風船の高度を保つために、すてられるものはすべてすてた。無線機さえも海中に投じた。その瞬間から、かれらは行方不明になる。いかにも風船乗り魂にあふれたはなしではないか。風船乗りは自分の風船の高度を保つためには、それこそなんでもする。かつて、風船で北極横断を目指したサロモン・アンドレーなどは、もっとも大切な食料をも投下しているほどである。

〝もじゃもじゃ頭〟が無線機をすてた理由は簡単である。ワイスが大西洋に乗り出そうとしたときだって無線機はなかったじゃないか、というのがその理由である。

着水と同時に「小さな世界」号から風船が切り離された。その瞬間に〝もじゃもじゃ頭〟は風船の船長から船の船長になる。かれらは帆を張り、貿易風をはらんで船は着実に進んだ。クリスマスと新年は船上でスクリュー・ペダルを踏みながら祝った。そしてかれらの行方不明の報でやきもきしている人びとに朗報がとどいたのは一

きるように工夫されている。この補助風船はまた、メイン風船にさけ目ができたような場合、人間をつり下げて補修するときにも用いる。考えられうる工夫をすべてこらした、当時にすれば最新型の風船であった。

この飛行計画のスポンサーはボストンの新聞社で、そのころ紙上をにぎわしていたスタンレーとリビングストンの会見記に匹敵するような企画だということで金を出したのだった。そのおかげで風船には「デイリー・グラフィック」号という名前がつくはめになる。

そればかりではない。計画そのものにいろいろと注文を出しはじめたのだ。乗り組み員まで新聞社から選んだ男をのせろといいはじめる。怒ったワイスは計画からおりてしまった。

かわりにW・H・ドナルドソンという男が登場するのだがうまくいくわけがない。一八七三年十月六日、シンシナチからとび立った風船は数時間ののちにキャットキル山におちてこわれてしまったのである。

このドナルドソンは、このときからちょうど二年後、ミシガン湖に風船で落ち行方不明になる。そして、ワイスもまた一八七九年十一月の二十九日、やはりこの湖で嵐のために死ぬ。このふたつのできごとは、当時の大西洋横断計画に大きく水をかけた。いかんせん風船は空を飛ぶもので、水の上ではいかに弱いものであるかを示したのだ。

その後、一九一〇年にワルター・ウエルマがやはり大西洋にのり出すが、これもあえなく失敗に終る。

〝もじゃもじゃ頭〟の「小さな世界」

そして飛行機という〝うるさくて目ざわりな怪物〟（風船乗りはいまでも飛行機のことをそう呼ぶ）が大西洋を日常茶飯事のよう

19

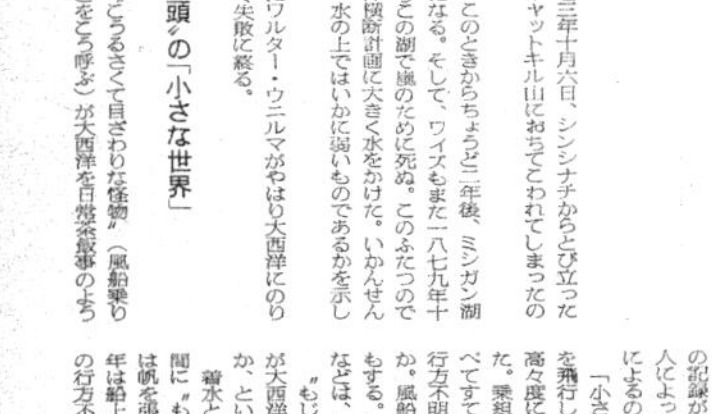

第6章
『婦人公論』世紀に一度の大リニューアル

これまでの人生で蓄積してきた知識・経験・技能・人格を保持したまま、若々しい新たな肉体に乗り移れたら……。壮年期の終わりを自覚したことのある人間ならだれもが、多かれ少なかれそんな願望を心によぎらせたことがあるだろう。もちろん所詮はSFやコメディのネタにしかならない夢のまた夢のはずなのだが、その困難な夢に挑んで見事に実現させてしまったケースがある。ただし人間ではなく雑誌の話なのだが。

それでも一九九八年三月に『婦人公論』編集部が成し遂げたリニューアルは、それに等しい「夢のような難業」だったはずだ。なにしろ一九一六(大正五)年生まれの八三歳(当時)の雑誌を、休刊もはさまずに、いきなりまったく新しいカタチに変貌させてしまったのだから。カタチといっても「古い酒を新しい皮袋に注ぐ」だの「老婆に若化粧を施す」だのという表層次元の話ではない。やはり強いて喩えるなら肉体改造か頭脳移植、いや、そんな心身二元論的な外科手術をも超えた、もっと超常的な化身術さえ連想させるギャップが、そこには秘められていたように思える。

そう、もちろんそれは大袈裟だ。が、それも私たちが『婦人公論』の「新しいカタチ」をすでに見知っているからこそ言えるのだ。この雑誌がその誌名もロゴも、そしてもちろん雑誌としてのアイデンティティも保持したまま『an・an』や『MORE』や『CLASSY』と同じ棚に並び、それを二〇代のいまどき娘たちが手に取り、しかも次々と買っていく――そんな光景を、九七年以前のあなたは本気で想像できただろうか?

〈カタチの壁〉を壊すために

●『婦人公論』(中央公論社→中央公論新社)
一九一六(大正五)年、『中央公論』が婦人問題の増刊号を発行したことがきっかけとなり、新しい婦人雑誌として創刊。戦前戦後を通じて、多様な女性問題を取り上げてきた。現在は隔週刊本書の執筆を続けながら、本章の取材ほど「雑誌のカタチとは何なのか？」とあらためて、そしてつくづく考えさせられたことはなかった。ついでに白状しておくと、リニューアル前の『婦人公論』が書店のどの棚に置かれているかを考えたことさえなかった。かろうじて例の濃密な見出しの並ぶ新聞・中吊り広告の「愛読者」ではあったけれど、私の意識内でもこの誌名は雑誌よりむしろ歴史の棚に置かれていた。

この雑誌史上空前と言っても過言ではなさそうなリニューアルは、当時の編集長・河野通和氏（現・中央公論新社取締役雑誌編集局長）にとっても、「雑誌のカタチ」というものの正体を探索し、それと格闘し、和解する気の遠くなるような、しかし猶予は与えられない「（悪）夢のような難業」であったはずだ。

河野——私が『婦人公論』編集長になったのは九七年七月ですから、それから半年間で、旧『婦人公論』を毎月作り続けながら新『婦人公論』をカタチにしていかなければならなかったわけです。その年は四月に嶋中鵬二会長が亡くなり、会社としても危機感が高まっていました。『婦人公論』のリニューアル計画もそこから出てくるわけなのですが、それ以前にも何度か嶋中さんと個人的にリニューアルの話をしたことがありました。八〇年代後半に『マリ・クレール』が成功していましたから、あんなカタチへと『婦人公論』も脱皮させていけないか、という漠然としたアイデアを嶋中さんもお持ちだったようでした。私自身も副編集長をやりながら、この雑誌が蓄積してきた文化資産——たとえば他の女性誌にも男性誌にもマネできない生活や人間関

★——『マリ・クレール』一九八九年四月号。特集《快楽としてのディアローグ》として、高橋源一郎、吉本ばなな、武満徹、蓮實重彦、網野義彦、中沢新一らの名が並ぶ

係への細やかなリアリズム的視点や緻密な編集ノウハウが、新しい読者に届きにくくなっていることに、もどかしさや口惜しさを感じ続けてきました。

書店でもA５判の月刊誌・総合誌のコーナーに置かれているので、なかなか若い女性読者に「発見」されない。読みさえすれば面白いと言ってもらえる内容なのに、読者がアクセスしやすいカタチではなくなっている。また一方で、長年の愛読者は『婦人公論』のバックナンバーを文学全集のように書棚に揃えていたりする。とてもありがたいことなのですが、結局そこに閉じこめられてしまうカタチなのですね。そこには堅くて高い〈カタチの壁〉がある。とすれば、その壁を壊さなければならない。そして、読者たちにはコンテンツを発見させる道筋を、雑誌自身には固定読者の書棚からより広い雑誌空間に飛び出せる道筋を用意しなければならない――つまりリニューアルとは、その壁を越える道筋作りだったのです。

「婦人公論の大衆化は、さまざまな工夫を通して、内容にあらわされるようになり、創刊当時から堅持しつづけた啓蒙的態度は、今もなお持ちつづけてはいるが、それを直接法的な形で出すのではなくて、読みやすい形に翻訳したものを提供する態度にかわってきているので、古い読者には、なつかしい婦人公論の顔はどこに、と感じさせるほどだった」「婦人公論をひらきやすくするためもあって、口絵全部をグラビア印刷にかえ」「このような変化球を投ずることによって、読者層の拡大をはかり、底辺の大衆に近づき、愛される婦人公論へ発展しようとする意欲をみせた」（『婦人公論の五十年』中央公論社、一九六五年刊）

★――二〇〇六年に創刊九〇周年を迎えた『婦人公論』のバックナンバーから。右から一九二九年一二月号（画＝鏑木清方）、一九三一年一〇月号（画＝古賀春江）、一九三五年一一月号（画＝山川秀峰）、一九四四年三月号（戦前最終号、画＝田邊至）、一九四六年四月号（再生第一号）、一九四七年四月号（画＝藤田嗣治）、一九五〇年一月号（写真＝大竹省二、画＝清川泰次、衣装デザイン＝森英恵）

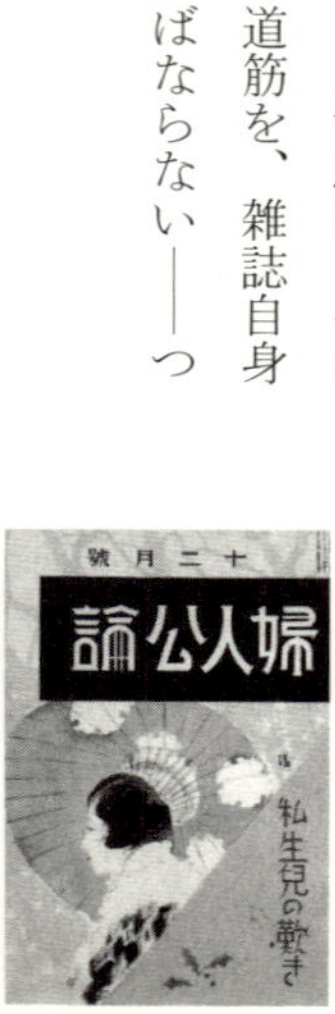

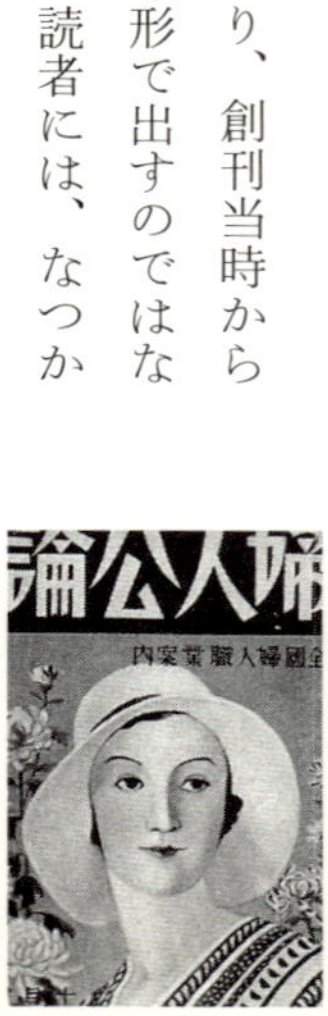

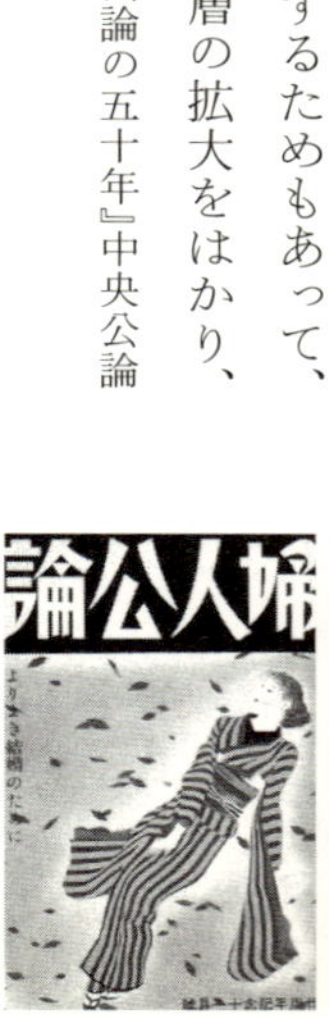

これは昭和初期の話である。この雑誌の先輩編集者たちも常に「リニューアル」を心がけ続けていたことがわかる。そして、そのたびに「愛読者からの反発・批判」が起きている。が、なにしろ今回のリニューアルは創刊以来「一世紀に一度」の、桁違いの大工事であり大手術である。『婦人公論』のカタチに並々ならぬ愛着を抱いているであろうコアな読者たちの反応は、どれほどのものだったのだろうか。そして、その前にまず、そのカタチの内側で編集作業を続けてきたスタッフたちの反応は？　さらに何よりも、そのカタチで生き続けてきた『婦人公論』という雑誌自身の反応は？

「変わらない」ために「変える」ということ

河野――リニューアル直前の『婦人公論』には、最盛期の半分以下に減ったとはいえ、それでも一六～一七万の読者がついていました。しかも黒字でちゃんと利益を出している。八月のリニューアル決定の段階では、編集部はほぼ全員が反対でした。今度の編集長は『婦人公論』をいま風のヴィジュアル女性誌にしてしまうのかな、これまで自分たちが丁寧に手作りしてきた読み物や読者手記をまるごと否定するのかな、というわけです。部員がこの雑誌に抱く高いプライドと深い愛着を思えば、まあ当然の反応だろうと理解できました。一方、販売部の反応は賛否両論。「限界は見えているのだからまだ健康体（黒字）のうちに移植手術をすべきだ」「いや、裏目に出て固定読者すら失ったらそれこそ経営危機が決定的だ」と。なにしろ変えるといっても、どう変えるのかカタチがまだまったく見えていません。そこでと

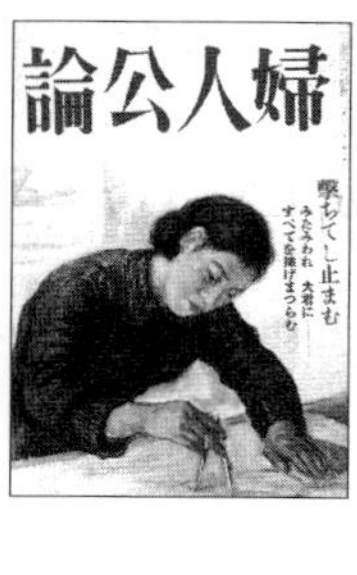

にかく目に見えるカタチを作ってみようと、ダミー版を手探りで作り始めました。ほとんど白ページの、文字通りカタチだけの代物でしたが。私が抱いていたリニューアルイメージに近かったのは『THE NEW YORKER』の婦人公論仕様。つまり、中綴じの硬派で洗練されたジャーナル誌を、もう少し俗っぽくした週刊誌フィーリングのものでした。とはいえ私自身、中綴じ雑誌の編集経験もないし、独特な台割の書き方さえ知りません。角背誌が中綴じ誌に変わることで何が起きるのか、編集者や読者の意識はどう変わるのか、本気で考えたのも初めてのことでした。十年一日のごとく定められた路線の上で編集作業に追われていると、雑誌のカタチになど意識は飛ばないものです。それを変えようとしたとき、初めてそれが意識野に立ち上がってくる。それは「この雑誌は何者なのか。カタチを変えてもこれがこれであり続けるためには何を捨てて何を残すべきなのか?」という問いそのものです。これまでの誌面を新たなカタチに移植するのではなく、そこには何重もの何段階ものギャップや捻れがあるのです。

実は編集部内で最も抵抗が大きかったのが〈中綴じ問題〉でした。曰く「高級感がなく安っぽい。保存性がなく読み捨て。編集作業が体裁に制約される……」。しかし、であればこそ私自身にはそこに最大の突破口と可能性が潜んでいるように思えました。振り返ればこの雑誌は創刊以来、実はけっして高級でもイデオロギー的でもなく、硬派な啓蒙記事もあれば下世話な好奇心をくすぐるセックス体験手記もあって、一種「寄せ鍋」のような雑誌だったのです。非常にダイナミックな振幅が持ち味でした。だとすれば、今これによりふさわしいのは、書棚にキレイに収まるよりも丸めて持ち歩いて読み捨てられるカタチなんじゃないか。これまでのカタチ

★——『婦人公論』リニューアル・ダミー版(一九九八年一月制作)。タイトルロゴや表紙写真の扱い方はここからさらに変わっていくが、「A4変型・中綴じ・224p」の〈カタチ〉はすでに完成している

★——『THE NEW YORKER』は一九二五年創刊の老舗情報誌。写真は一九八三年二／二一号

の方が間違っていたんじゃないか。このウツワに収まり続けることに、実は雑誌自身も耐えられなくなりつつあるんじゃないか——。

そんな思いにとらわれていた私がようやく確信を持てたのは、刷り上がったばかりの松田聖子が表紙のリニューアル創刊号を、販売部の女性たちが年齢に関係なく奪い合うように読んでいる光景を目の当たりにしたときでした。もちろん予想通り『婦人公論』愛読者グループなどからは抗議の手紙が舞い込みました。でも、三号目くらいまでには彼女たちもこの変化を祝福する態度に転じてくれました。「『婦人公論』は私たちを切り捨てて女性週刊誌になってしまった」と。つまり「別人に見えてもやっぱり同一人物だった」と認知してくれたわけです。

「私は変わった。私は変わらない。」——同誌リニューアル創刊二号の新聞広告のヘッドコピーである。これがたとえば「キレイになっても私は私」的な美容整形の宣伝文句とは似て非なるものであることは、実際に〝ビフォア&アフター〟を読み比べた読者にはすぐに理解できたはずだ。それは単純なカタチとナカミの二元論ではなかった。変わることを拒絶するほどの「その雑誌固有の文化資産」であればこそ、それを現在により大きく活かせるカタチ／ナカミへと変えるべきなのだ。そんな明確な意志と情熱が、この逆説的コピーから読み取れる。

「変わった」からこそ「変わらない」ものが、「変わらない」からこそ「変わった」ものが、それぞれを互いに輝かせ合えるようなリニューアル。この雑誌がだれの何のために存在し続けてきたのか、そして存在し続けることができるのか——それを深く理解する編集者だけが、そんなパラドックスを〝止揚〟できるのだろう。そうであるがゆえに大方の雑誌リニューアルは、ほぼ失敗に終わるのだ。

さらに「カタチが他の女性誌に近づく」ことが、この雑誌にそれ以上の発見と効果をもたらしたことも見逃せないだろう。おそらくいまどきの女性誌としては平凡なカタチに収められた結果、この雑誌が保ち続けてきた「非凡さ・らしさ・どこにもなさ」が際立ち、新創刊誌以上の異化効果を生みだしていたのである。

「角背」と「中綴じ」のせめぎ合い

いや、「カタチに収められた」という言い方は適切ではなかった。アートディレクターが誌面のカタチをデザインして、そこに個々の記事やタイトルをモザイクのように当て嵌めていく――というヴィジュアル誌では常識化した〈デザイン優先／完全分業〉の方式を、この雑誌は採らなかった。限られた時間の中で「大判・中綴じ・月二回刊化」を敢行するなら、アートディレクターに大きな権限を与え、とっととカタチを作ってもらうのが最も効率的……と、だれもが考える。河野氏が「デザインを意識させないデザインを」と起用した木村裕治氏も、おそらくそれを任されるのだと思ったはずである。ところが、記事・ネーム至上主義を貫き続ける（というより、それ以外の方法を知らない）編集部は、自分の〝主戦場〟を譲らなかった。最後は賢明な木村氏が雑誌の特性を理解した上で、表紙、目次、一部のカラーページを除く一般記事から「撤退」。リニューアル誌面のレイアウトは、編集部主導とデザイナー主導のページが混在・共存する、ある種のミスマッチとなる。

それがまたこの雑誌のカタチに不思議な異化効果を与えた。編集者が記事に込めた熱意や思い入れがストレートに誌面に表現され、いまどきのエディトリアル・デザイナーが発想できない意外性を生みだしているのだ。

河野――なにしろあのカタチでのノウハウは皆無ですから、まったく赤面モノのシロウト仕事の連続でした。デザインに限らず記事の見せ方、ページの流れ方から広告の入れ方まで、もう目を覆いたくなるような"大混乱"を地で行きました。「洗練された雑誌」どころではありませんでした。でも、編集部内には「大きく変えるんだ」と力説し、部外には逆に「編集方針はまったく変えません」と強調するプロセスからは、他にやりようもなかったでしょう。何を変えるべきで何を変えるべきでないのかという模索そのものが、あのカタチに収斂したのだと思います。

でも最近は、スタッフもこのスタイルに習熟してきました。見かけのキレイさを超えたシロウト臭い熱気を新鮮に感じてくれた読者も、次第にこの誌面に慣れっこになってきています。ルーティン化された巧さからは熱気も意外性も薄れていきます。『婦人公論』が最初からこのカタチだと思っている読者に、この雑誌の「熱気」をいままたどうデザインして見せ続けていけるか――それがリニューアルから約八年を経た今後の課題です。

それにしても、雑誌における〈角背と中綴じ〉というカタチの違いには、カタチをも超える断層が存在しているらしい。これまでに取り上げた雑誌を振り返ってみても、確かに思い当たるフシが発見できる。たとえば『POPEYE』も、創刊号はやや取り澄ました高級感を漂わせる角背ムック誌だった。創刊前は「新聞」を目指した『ワンダーランド／宝島』に至っては、中綴じ→角背→再び中綴じと、めまぐるしく流転する。

雑誌という書籍と新聞のハイブリッド・メディアでは、〈書籍性と新聞性〉の両極を隔てる形態的差異として〈角背と中綴じ〉が併存している。もちろん角背は書籍性、中綴じは新聞性に対応し、それを象徴している。文芸誌や論壇誌は角背（最近は『en-taX.i』のような中綴じ文芸誌もある。これも象徴的）、情報誌・コラム誌やファッション誌は主に中綴じ――というのも、なんだかわかりやすすぎるが、おそらく〈高級性と大衆性〉というイメージ的差異とも絡み合いながら、そのカタチが雑誌の二面性をそれぞれ象徴しているのだろう。〈書籍性と新聞性〉――それをさらに一般化して言えば、つまり〈ストック情報メディアとフロー情報メディア〉ということにもなる。もちろん最近は、そんな二元論もやや怪しくなりつつあるのだが。

そう考えると、たとえば角背誌と中綴じ誌とでは、それぞれの表紙が担う意味も目的も、まるで異質のものであることがわかる。前者がストック情報を梱包する化粧箱だとすれば、後者はフロー情報に即座にアクセスするためのドアかトップページ（少なくとも包装紙ではない）。誌面の構成も、前者がアナログ的な連続性を持つのに対し、後者は主に見開き単位のデジタル。同じ雑誌が同じスタッフで休刊なしに（しかも発行ペースは倍速化）前者から後者への「壁を越える」とき、その内と外にいったい何が起きるのか？　まさに『婦人公論』の場合は、そういう話だった。

結果的にこのリニューアルは、読者／編集者の双方向から『婦人公論』を「発見」させることになった。読者は「これまでにないリアリズムに貫かれたエイジレスな女性誌」を発見し、編集者は「女性誌がまだ開拓していない実は広大なすきま市場」を発見した。バブル期に広告媒体として整然とクラス化された世界に、「二〇〜九〇代」というとんでもなく広範な読者を引き寄せて縦の亀裂を入れて見せたのが、リニューアル『婦人公論』だったのである。このことは単に「雑誌のカタチ」を超えて、「雑誌という伝統的ハイブリッド・メディア」の未来そのものへの示唆と突破口を秘めているようにさえ思えてくる。

河野――老舗は店舗をリニューアルしても、秘伝の味を大切にするでしょう。屋号や商標もあえて変える必要はない。ただし、客を客とも思わない傲慢な店主がいたり、敷居が高すぎて入りにくい感じのお店だと、せっかくの秘伝もやがて〝衰退→消失〟のスパイラルに入ります。当時、編集部ではそんな話をよくしていました。

もちろんそれが次の八〇年間も有効であり続けるという保証はない。けれども、その「秘伝の味」を持っているかいないか。そこが問題なのだ。歴史の長短にかかわらず、である。

変わらないページ・変わったページ

たとえば短歌の投稿ページと美容・化粧の特集ページの時代的変遷を比べてみると、その作られ方の何が変わり何が変わらないかを感じ取ることができる。それにしても昭和モダニズムの前衛ぶりに脱帽。

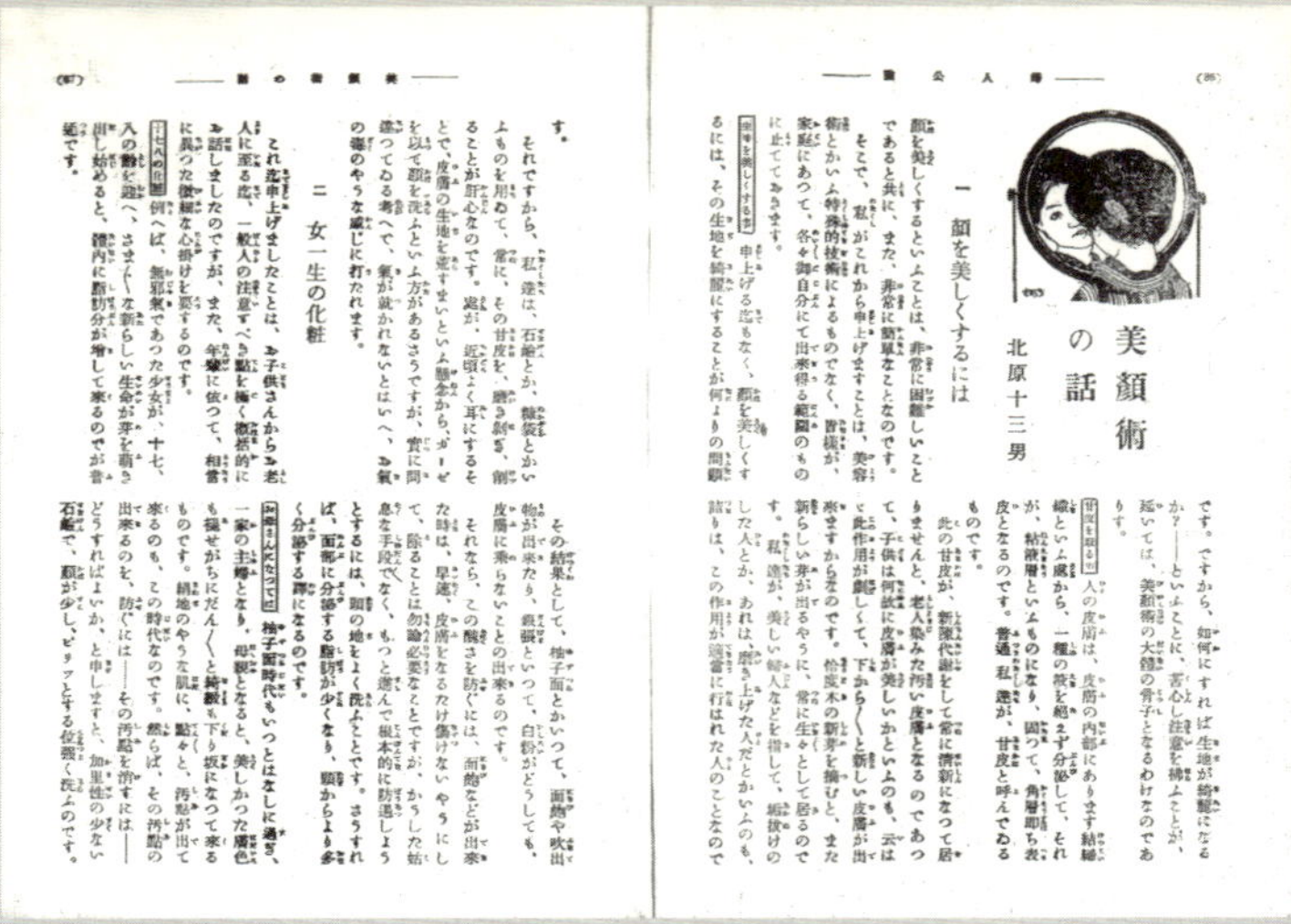

(85) 婦人公論

美顔術の話

北原十三男

一 顔を美しくするには

顔を美しくするといふことは、非常に困難しいことであると共に、また、非常に簡単なことなのです。

そこで、私がこれから申上げますことは、美容術とかいふ特殊的技術によるものでなく、皆様が、家庭にあつて、各々御自分にて出来得る範囲のものに止めておきます。

皮膚を美しくする法　申上げる迄もなく、顔を美しくするには、その生地を綺麗にすることが何よりの問題です。ですから、如何にすれば生地が綺麗になるか？——といふことに、苦心し注意を拂ふことが、延いては、美顔術の大體の骨子となるわけなのであります。

甘皮を取る法　人の皮膚は、皮膚の内部にあります結締織といふ處から、一種の液を絶えず分泌して、それが、結締層といふものになり、固つて、角層即ち表皮となるのです。普通私達が、甘皮と呼んでゐるものです。

此の甘皮が、新陳代謝をして常に清新になつて居りませんと、老人染みた汚い皮膚となるのであつて、子供は何故に皮膚が美しいかといふのも、云はゞ此作用が盛しくて、下から〳〵と新しい皮膚が出来ますからなのです。恰度木の新芽を摘むと、また新らしい芽が出るやうに、常に生々として居るのです。私達が、美しい婦人などを指して、垢抜けのした人とか、あれは、磨き上げた人だとかいふのも、詰りは、この作用が適當に行はれた人のことなのです。

(87) 美顔術の話

それですから、私達は、石鹸とか、糠袋とかいふものを用ゐて、常に、その甘皮を、磨き剝ぎ、削ることが肝心なのです。處が、近頃よく耳にすることで、皮膚の生地を荒すまいといふ懸念から、ガーゼを以て顔を洗ふといふ方があるさうですが、實に間違つてゐる考へで、氣が就かれないとはいへ、お氣の毒のやうな感じに打たれます。

二 女一生の化粧

これ迄申上げましたことは、お子供さんからお老人に至る迄、一般人の注意すべき點を極く概括的にお話しましたのですが、また、年齢に依つて、相當に異つた微細な心掛けを要するのです。

十七八の化粧　例へば、無邪氣であつた少女が、十七、八の齢を迎へ、さま〳〵な新らしい生命が芽を萠き出し始めると、體内に脂肪分が増して來るのが普通です。

その結果として、柚子面とかいつて、面皰や吹出物が出来たり、雀斑といつて、白粉がどうしても、皮膚に乗らないことの出来るのです。

それなら、この醜さを防ぐには、面皰などが出来た時は、早速、皮膚をなるたけ傷けないやうにして、除ることは勿論必要なことですが、かうした姑息な手段でなく、もつと進んで根本的に防遏しようとするには、顔の地をよく洗ふことです。さうすれば、面部に分泌する脂肪が少くなり、顔からより多く分泌する譯になるのです。

お嫁さんになつては　柚子面時代もいつとはなしに過ぎ、一家の主婦となり、母親となると、美しかつた膚色も褪せがちにだん〳〵と綺麗も下り坂になつて來るものです。絹地のやうな肌に、點々と、汚點が出て來るのも、この時代なのです。然らば、その汚點の出来るのを、防ぐには——その汚點を消すには——どうすればよいか、と申しますと、加里性の少ない石鹸で、顔が少し、ピリツとする位強く洗ふのです。

◉1918(大正7)年2月号

連載ページの変遷

◉1937(昭和12)年8月号

◉1977(昭和52)年5月号

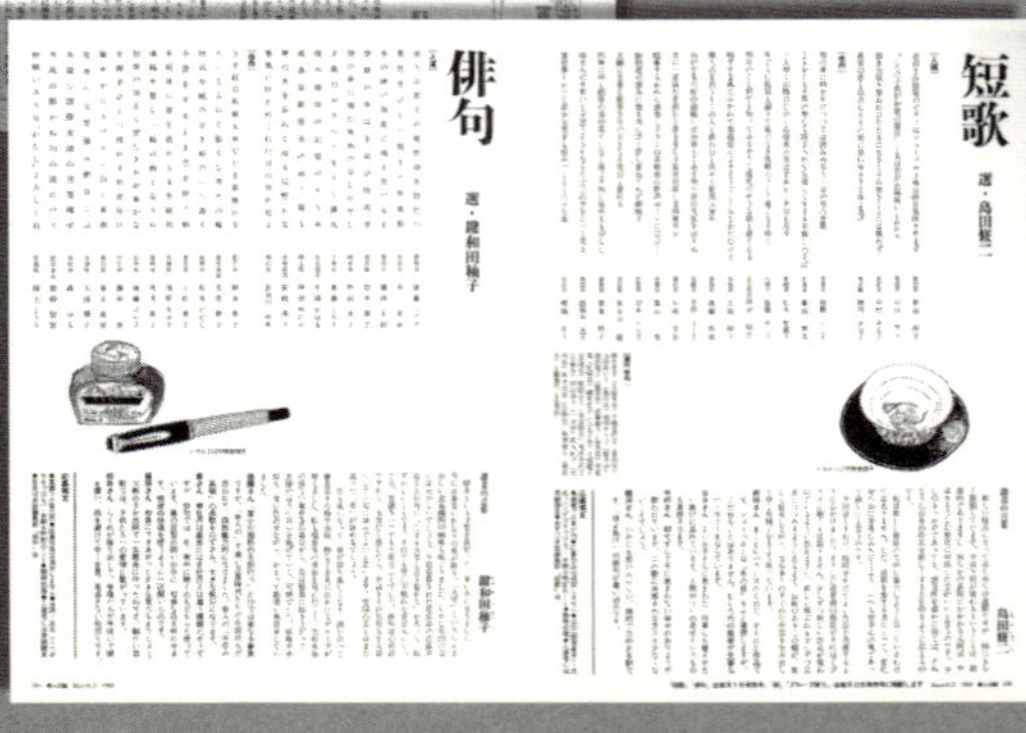

◉1998(平成10)年3/22号

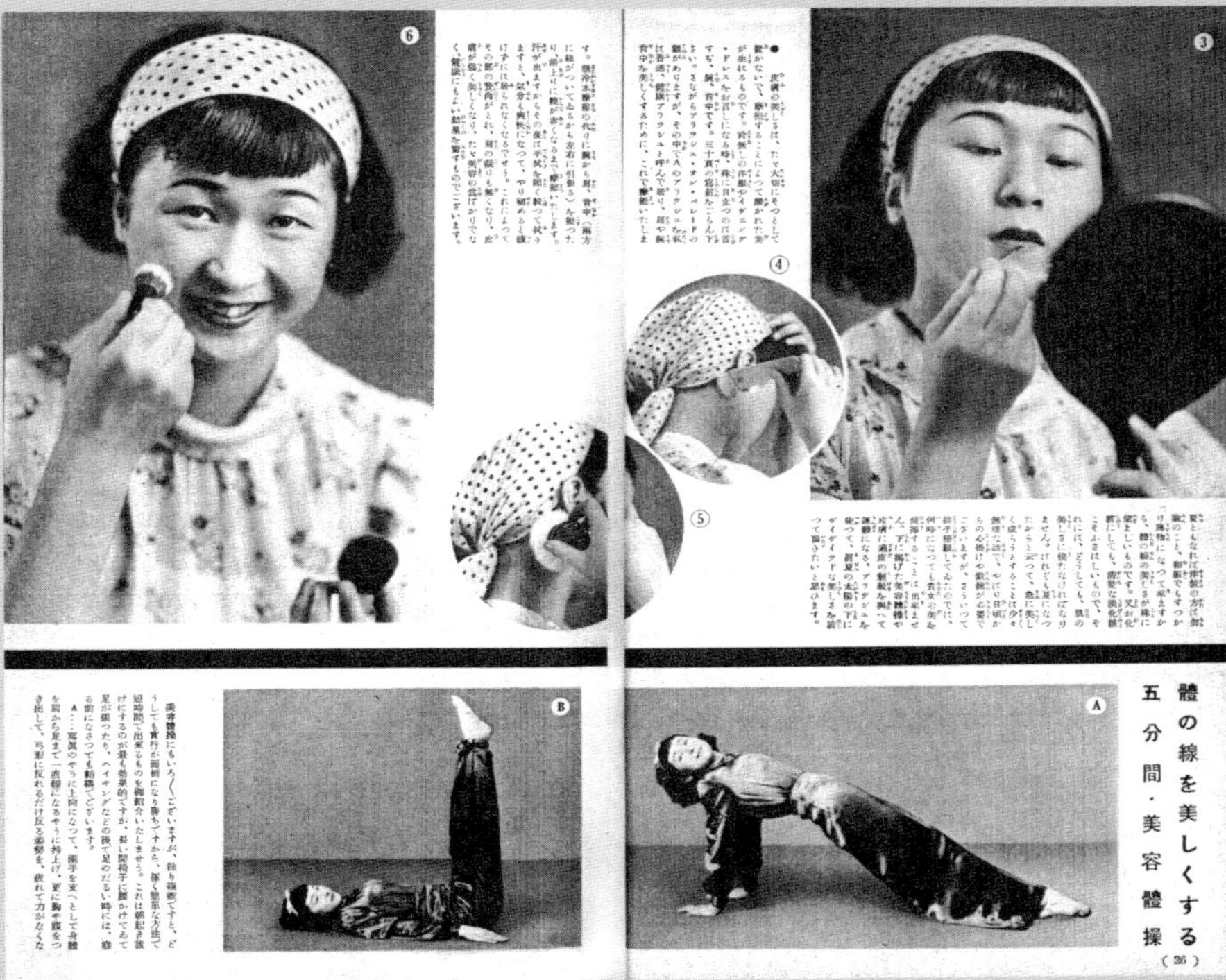

◉1937(昭和12)年 8月号

美容ページの変遷

◉2005(平成17)年 7/7号

●1916(大正5)年 1月創刊号

▲公論

●1937(昭和12)年 8月号

●1977(昭和52)年 5月号

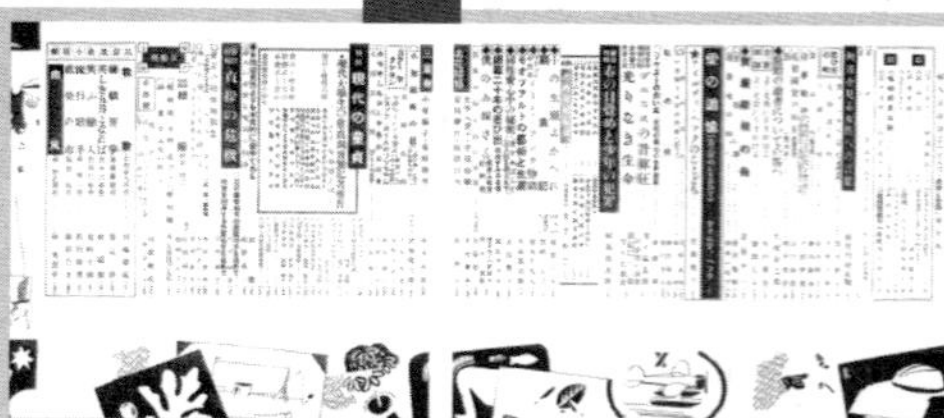

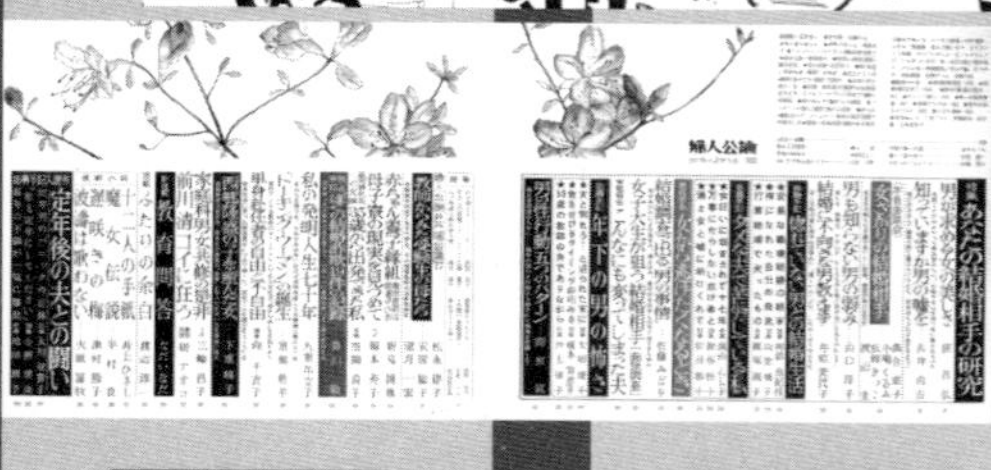

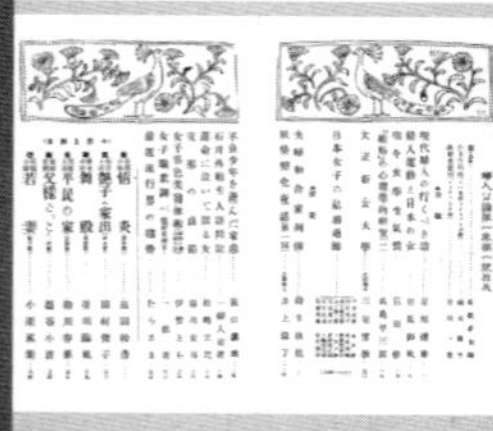

目次デザインは変われども不変の編集コンセプト

各時代の目次を並べてみる。印刷、デザイン、タイポグラフィの変わり様が逆に『婦人公論』的イシューの一貫性・不変性を際立たせる。まさしく幾つになっても「私は変わる。私は変わらない」雑誌なのである。

◉1998（平成10）年3月号（リニューアル直前号）

婦人公論
1998年3月号

表紙画／山本容子
表紙・目次デザイン／坂川栄治
目次画／田中栄子

◉1998（平成10）年3月22号（リニューアル号）

なぜすれ違うのか

人公論

Table of Contents

第7章 小学館の学年誌

平面を立体にする「お家芸」

人生の初期に、ほぼだれもがなんらかの形で一度は出会い、そして突然の別れとともに記憶の彼方へ遠ざかっていく雑誌がある。少なからぬ人にとって、それは雑誌の世界の原風景であり、その後の雑誌観を象る原体験であり、〈雑誌のカタチ〉の原型でもあったはずだ。それがふと意識野に蘇ってくるとすれば、それは私たちが雑誌の読者としても「親の世代」になった、ということの証かもしれない。

小学館の学年誌は、もちろん今も健在である。少子化や学校統廃合の逆風にも負けず、「♪ピッカピカの一年生」は新年度も桜並木を闊歩している。

とはいえ、本章の題材に小学館の学年誌を選んだ背景には、熾烈な雑誌業界の最前線から転進して、しばし「童心と郷愁の聖域」でなごんでみたいという、どこか脱力志向的な思惑がなかったとは言えない。ようするに、ちょっとした息抜きくらいのつもりだったのである。

それはとんでもない思惑違いだった。

小学館の学年誌とは、その歴史や現場を知れば知るほど、私が想像・期待したような牧歌的世界とは程遠く、ひょっとするとこれこそが昔も今も雑誌界の最前線ではなかったか、と思わずにはいられない過激かつ熾烈な戦場だったのである。

メディアの可能性を再発見する

小学館の学年誌は、一九二二(大正一一)年、小学館の創業とともに生まれた。いや、むしろ小学館が学年誌から生まれた、と言うべきだろう。大正自由教育ブームのさなか、創業者・相賀武夫は「面

●小学館の学年別学習雑誌

一九二二(大正一一)年、『小学五年生』『小学六年生』が創刊され、他の学年誌も続いて創刊された。その後、学齢前の児童向けの『幼稚園』『めばえ』『マミイ』、学習事典や図鑑、コミック誌など、子どもを読者とするあらゆる領域に進出している

★——「ピッカピカの一年生」のイメージが全面展開。『小学一年生』一九八八年四月号

白くためになる学習誌」を創刊するだけのために、神田の路地裏長屋で小学館を始めたのである。小学館という社名と学年誌というアイディアは、創業当初も以後も、たびたび内外からの否定的反応にさらされたという。「対象が狭いうえに読者層が割れて、さらに売れなくなる」というわけだ。当時、それは無謀としか思えない「逆転の発想」であり、学習と娯楽という異種融合の「キマイラ的発想」でもあった。小学館の学年誌は、実は生い立ちからして過激だったのである。

結局、国民の旺盛な学習熱と娯楽熱を同時に吸収して、学年誌は急成長を遂げ、相賀の先見性が証明されることになる。さらに戦後、復興と民主教育とベビーブームの大波に乗り、学年誌業界は空前の戦国時代を迎える。昭和三〇年代の小学館、講談社（『たのしい一～六年生』）、学研（『一～六年の学習』『一～六年の科学』。創業者の古岡秀人は元小学館社員）の三つ巴の学年誌戦争は、結果的に、学年誌の大判（B5判）化・ヴィジュアル化・付録の豪華化を促し、〈学年誌のカタチ〉を確立させることになる。それは同時に、熾烈なサバイバルレースを勝ち抜いた小学館の学年誌の、孤軍奮闘時代の始まりであったかもしれない。

……と、ここまでが学年誌の「前史」である。歴史学習はこれくらいにして、現在の学年誌をカタチにしている編集現場へ足を運ぼう。お話を伺ったのは、「生え抜き三世代」とも呼ぶべき学年誌育ちの編集者三名、平山隆氏（児童・学習編集局担当取締役・七一年入社）、塩谷雅彦氏（『小学一年生』編集長・八三年入社）、徳山雅記氏（『幼稚園』副編集長・九〇年入社）である。

平山――私が入社した当時が、まさに学年誌の転換期でした。七一年に円谷プロの『帰ってきたウルトラマン』の独占掲載権を講談社との争奪戦の末に獲得したんですが、TV、キャラクター、ゲームといった多様なメディアミックス展開を始める、それがきっかけでした。単なる番組紹介ではなく、企画内容にも参加していきました。その前年からは『ドラえもん』が複数の学年誌で一斉に始まります。『ドラエもん』は男の子も女の子も同等に読めて、小学生の日常に密着し、否定的要素がまったくない、という学年誌文化から生まれたマンガです。藤子・F・不二雄さん自身もおっしゃってましたが、『少年サンデー』誌上なら一〇週ともたなかったかもしれません。第二次ベビーブームという要因もありましたが、七〇年代前半から一〇年間は『小学一年生』だけでも一〇〇万部を超えていました。

学年で輪切りにされた「六位一体のパラレルワールド」を形成する学年誌にとって、ドラえもんは一編のマンガ作品のキャラクターを超えた「学年誌統合の象徴」だった。「全学年一斉」の決断は、まさに学年誌というメディアの特性と構造を知り抜いた慧眼と言えるかもしれない。その後の学年誌が雑誌を超えたメディアミックス路線に傾斜しながらも、なおも「児童総合誌」のカタチに踏みとどまり続けていることも含めて、である。

塩谷——キャラクターやホビーの要素が膨らんだために『コロコロコミック』を創刊するのですが、今度はそれが学年誌の最大のライバルになりました。学研の『科学』『学習』は販路が別なので、店頭のライバルにはなりませんから。学年誌をベースにして、マンガ、ゲーム、ネット、

★——新たな児童誌のカタチ、『コロコロコミック』は学年誌のライバルへと成長。写真は一九八一年六月号

学習事典、読み物、アニメ……と、多様なメディアに展開させていくわけですが、あくまでも基幹は雑誌です。逆に言えば、雑誌というメディアがあらゆるコンテンツを凝縮して盛り込めるいかに便利なものかと、あらためて感じます。学年誌が一般誌やマンガ誌と異なる点のひとつが「読み捨てできない」ことです。親御さんにも「一冊五〇〇円で、そこに長く留まっていてほしい」という気持ちはあるでしょう。友達や兄弟で回し読みしたりもする。だから編集者も「読み捨てられたら負け」と必死に凝って作り込みます。男女のページもただ分けるのではなく、互いの興味や好奇心をそそる作り方をしたい。考えてみれば、そんなことのできる雑誌は、もう他にないんです。配属された当初は「学年誌かぁ」とあまりピンとこなかったのですが、しばらくして、これがとてもチャレンジングな世界であることに気づきました。

メディアミックスは単なる混合ではない。それによって個々のメディアの特性や可能性が再発見・再確認され、その結果が個々のメディアにフィードバックされて、新たな変化や改良を生むきっかけにもなりうる。

その意味では、いち早くメディアミックスを志向・試行したからこそ、学年誌は、やはりいち早く雑誌というカタチに秘められた可能性を再発見できたのかもしれない。もちろんそれは雑誌のカタチである以上に、「学年誌のカタチ」をしていたわけなのだが。

だとすれば、生まれ落ちた瞬間からメディアミックスの情報環境に囲まれていた現在の「読者」たちにとっては、なおのこと学年誌は「伝統」でも「古典」でもなく、TVやゲームやインターネットともまったく違った世界を、あるいは世界をまったく違って見せてくれる「今、ここにあるメディアのひとつ」なのである。ただし、そこには学年誌作りの先人たちによって蓄積された、他のメディアにない伝統的ノウハウがぎっしり詰め込まれている。

究極であり原型

徳山――新入社員研修のとき、「学年誌は楽しいぞぉ」と妙に勧める先輩がいたんです。結局、洗脳されたようなものですが、それは本当でしたね。その奥の深さにワクワクしました。たとえ子どもがいなくても、子どもだったことのない人はいない。つまり、だれもが学年誌編集者の資質を持ってるんです。紙媒体と製本のあらゆる実験、あらゆる限界に挑戦できる。雑誌の基本構造は守りつつ、表現の多様性と可能性を究めることのできる「雑誌の究極であり原型」なんですね。刷色を細かく変えたり、いろんな形の綴じ込み・折り込みをはさんだり、欄外に変な情報を隠したり……。その一方で、子どもにも理解できる表現を心がけなくちゃいけない。使える言葉や漢字にも制約がありますから。ほとんどゲームですね。いかに子どもになりきって大人の仕事ができるか、という。『ムシキング』のゲーセン用のゲーム機を編集部に持ち込んじゃってるヤツもいますよ。たとえば『女性セブン』の編集者が職場で盆栽いじってたら怒られるけど、学年誌だったらだれも怪しまない。それが仕事に十分なりうる世界なんです。学年誌の編集をある程度経験すると、他の雑誌へ行ってももう何も怖くないんじゃないかな。雑誌作

★――学習図解もさまざまな要素が手際よく整理されている。右から『小学一年生』二〇〇五年一月号、同二月号

りのあらゆるノウハウを学べますよ。

あらためて今の学年誌を眺め返してみると、文字通り玩具箱をひっくり返したようなカオスが、周到かつ緻密に配列・演出されているのが見えてくる。雑誌というより知育玩具に近いのかもしれない。いや、むしろ雑誌とは元来それに近いものだったような気さえしてくる。

「雑」＝まじりあう＋「誌」＝しるし。その「究極であり原型」というだけあって、巻頭ページを開いたとたん、しるしのまじりあい方の目まぐるしさに頭がクラクラしてくる。

いきなり形もサイズも色彩もまるでバラバラな綴じ込みページが、次々と飛び出す。必殺・製本屋泣かせ（いや、むしろ喜ぶのかもしれない）。まるで飛び出す絵本だ。よく見れば、これらは「ページ」というより「綴じ込み付録」なのだが、まさしくページから突出する立体。製本もデザインもことごとく立体的かつ重層的だ。視覚よりも触覚や体感にむしろ訴えてくる。

その立体感と重層感とヴィジュアル触感と色彩感は、本文（どこからが「本文」かよくわからないのだが）のデザインにも引き継がれる。版や基本フォーマットはもちろんあるのだが、それは「越えるための壁」のようなものだ。誌面というより画面には、大小の写真・イラスト・文字がひしめきあい、そのままページの縁へ飛び出すところを断ち切られる。ただし、個々の要素が立体的・重層的に配置されているため、過密ではあってもけっして見にくくも読みにくくもない。文字は子どもに読みやすいフォントとサイズが工夫されている。単色ページは刷色で変化をつけ、男女のページも色調よりむしろレイアウトで硬軟のメリハリをつけている。一時期よりページ数は減ったものの、一見開きあたりの情報

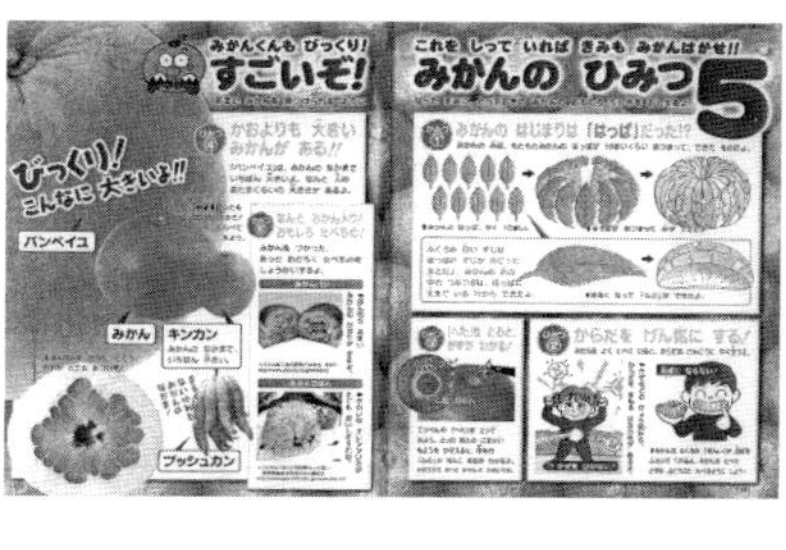

量は明らかに増え、圧縮されている。

アートディレクターはいない。一〇人ほどのデザイナーが学年誌全体を臨機応変に分担する。作業はデジタル化されているものの、エディトリアル・デザインの定番組版ソフト（たとえばQuark XPressやInDesign）は使わず、より自由自在に平面構成できるグラフィックソフト（たとえばIllustrator）を使う。割付ではなく描画なのだ。それでも「学年誌的な統一感」が感じられるのは、編集者とデザイナーの間に「何が学年誌っぽいのか」のコンセンサスが成立しているからなのだろう。

付録は雑誌の神髄である

時代に沿った学年誌の変容ぶりを最も端的に象徴しているのは、やはり表紙である。七〇年代までは、全学年誌がほぼ同一画家によって描かれた、男女学童ペアの肖像画が表紙を飾っていた。学年を経るごとに彼らも「成長」はするものの、各月の歳時記的な意匠は全学年でほぼ共通していた。つまり新年号は、全学年の男の子が蝶ネクタイを締めて凧を持ち、女の子は晴着を着て羽子板を持ち、という具合だ。それが毎年繰り返されていた。ある意味で、それが当時の小学生の循環的な時間意識を象徴していた、とも言える。

七〇年代以降、そこにさまざまなものが「侵入」してくる。キャラクター、アイドル、スポーツ選手、怪獣、ゲーム……。おなじみのタイトルロゴさえ覆い尽くしかねない勢いで増殖する「子ども界の情報群」の陰に、よく見れば、いつの間にか写真になった男の子と女の子が、今も伝統の歳時記を演じ

★——高学年になると扱うトピックは大人向け顔負けだが、学年誌的な統一感は貫かれている。右から『小学六年生』二〇〇四年一〇月号、同二〇〇六年八月号

続けている。

塩谷――学年誌の編集部は、同じ年齢の読者とは一二ヵ月しかつきあえないのです。その一方で、六つの編集部がトータルに全読者とつきあえる、という見方もできる。それもまた学年誌の不思議さであり、学年誌編集者という仕事の特殊さです。四半世紀を通して学年誌編集者として子どもの世界と接してきた実感から言えば、結局「子どもの世界は変わったけれど、子どもは変わらない」ということです。確かに彼らと世界との接点には、その時代ごとのキャラクターやアイドルがいます。でも、彼らが世界に触れたり学んだりする基本的な構造は、実はそれほど変わってはいないのです。たとえば昔も今も、男の子は厚紙で手作りする輪ゴム銃が好きだし、女の子はやはり紙製の手作りドールハウスのようなものが好きです。「男は飛びモノ、女は入れモノ」なんて私たちは言ってますが。一見、時代の最新の意匠やキャラクターを凝らしたものでも、実は伝統的で普遍的な遊びなのです。身近なものを手作りしながら世界を体感的に立体的に学んでいくという方法は、時代を超えた子ども文化だと思います。私たちが作っている「十大付録」は、みんなそういうものばかりです。

なるほど。学年誌デザインの立体感・重層感・触感の謎が解けた。「学年誌っぽいカタチ」を決定づけていたのは、付録だったのである。それはもはや学年誌の「付録」ではなく「神髄」なのかもしれない。各編集部で毎月開かれる付録会議では、常に半年後の付録が決定されるという。つまり九月号の付録

は、三月にはすでに決まっている。そして数ヵ月の間、ああでもないこうでもない、と「付録のカタチ」が試行錯誤されるのだ。

徳山――なぜ学年誌が付録にこだわり続けるかと言えば、それがものごとを全身で理解し学習する体験を与えるものだからです。体験は子どもの最高の学習法ですよ。紙の上だけでは学べない「3Dの立体記事」としてぼくたちは付録を考え続けています。本誌の記事と切り離して考えることはありません。それも「面白くためになる」「なぜ？　なに？」という学年誌の伝統でしょう。付録は学年誌のカタチを決定づけた大きな要素でもあります。付録を満載して厚みとボリュームを増したお買い得感、チープな豪勢さ。ボール紙で「増量」することさえあります。それは規制との戦いでもありました。表紙の情報量が過密になってきたのも、紐で縛られた付録の中身が店頭で見られないから。表紙に全付録の完成写真を載せてアピールするしかない。店頭勝負ですから。逆に表紙映えを考えて付録を企画したりもします。一目でわかる、店頭で選ばれる付録。何と比べてかと言えば、もうライバルは子どもが接するあらゆるメディアであり商品ですね。子どもメディアの狭い世界に籠もってる意識なんてまったくないですよ。オープンな世界と常に正面から向き合ってるんです。

実は学年誌編集部は、デジタル化／DTP導入が小学館で最も早かった部門である。ただしそれは効率化というより、むしろ「最後の最後まで試行錯誤を繰り返すため」に使われているのだという。使

★――〈付録のカタチ〉の試行錯誤は日々続けられている。右から『小学一年生』二〇〇五年一月号掲載の「二月号ふろく」予告、同二〇〇五年二月号掲載の「三月号ふろく」予告

い方はあくまでもアナログなのである。
そして「社内で最後までアナログなものを残し続けるのも、おそらく学年誌だろう」と、徳山氏は言う。たとえばヴィジュアル要素満載のページ構成をするときには、手描きのラフコンテ用紙にトレスコープでアタリをとる方が、結局は作業が早い。また、組み立て付録のアイディアなども、紙を切ったり貼ったり飛ばしてみたりと、実際に手と体を動かさないと出てこないのだという。

そもそも学年誌という発想そのものが、読者を六つの学年にデジタルに分割しながら、六年間の成長プロセスをアナログにフォローするハイブリッドなシステムだったのだ。それは「同学年の読者が一二ヵ月でそっくり入れ替わる」という一期一会と諸行無常、さらには創業者が融合・止揚を夢見た娯楽と学習＝「面白くためになる」とも通底するのかもしれない。

「学年誌編集者という特殊な仕事」に長く携わってしまった人たちは、外部の人にその仕事のノウハウやテクノロジーを伝授したり口承したりすることに、特別な困難を感じてしまうらしい。児童誌を起ち上げるために他社に引き抜かれた学年誌編集者が、結局「ここではできない」と断念するしかなかった、というエピソードを聞いた。まるで伝統手工芸の世界のように、空気感染のような方法でしか伝承されない「お家芸のリテラシー」が、そこには存在するのだろう。

平面を立体にする手作業を通じて、世界を認識していくこと——雑誌をカタチにする作業も、付録作りのようなものかもしれない。

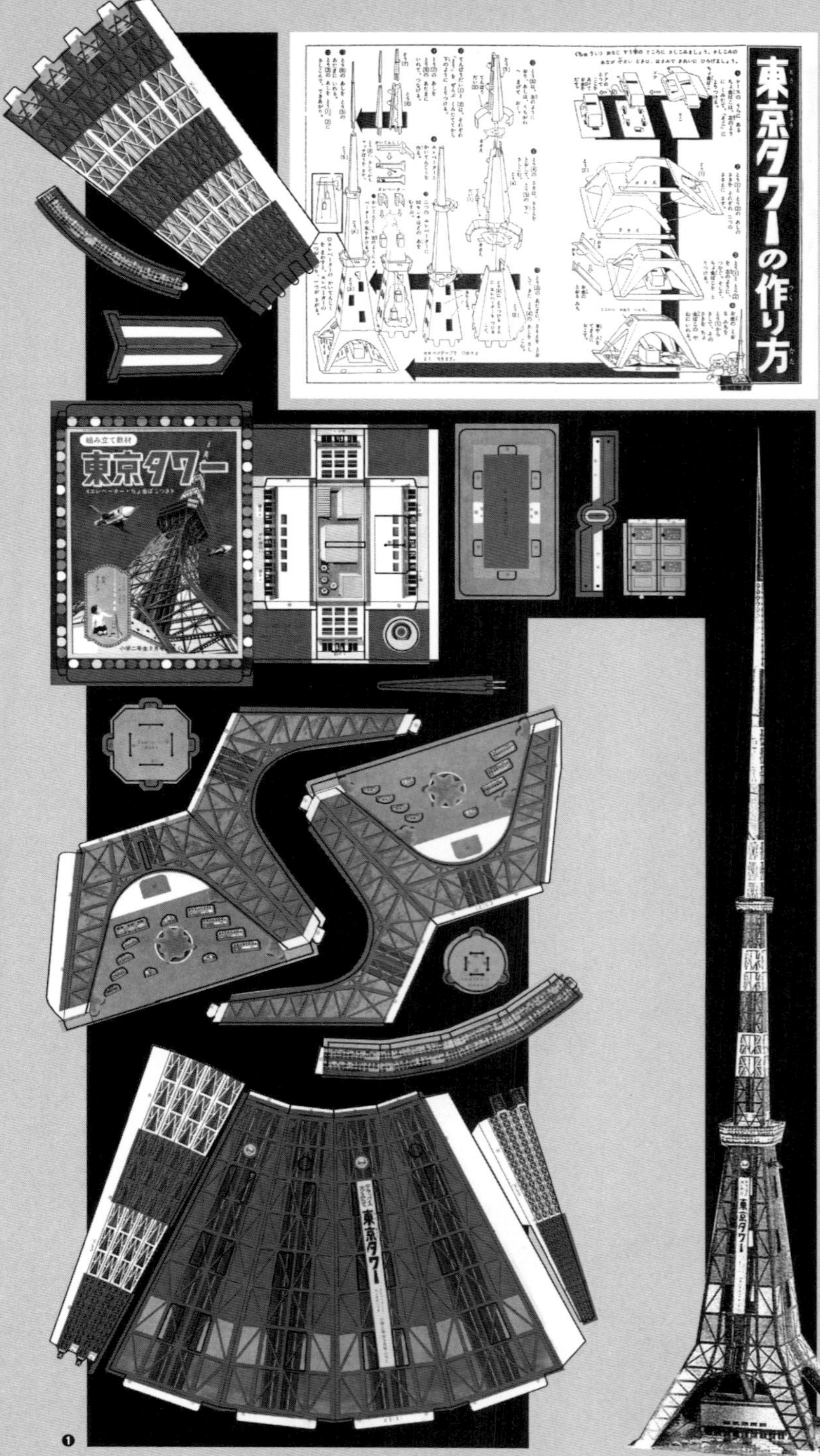

3D Supplements

小学館の学年誌
Graphics ❶

月刊雑誌を買えば玩具・教材から家計簿・実用雑貨まで一通り揃ってしまう「付録文化」ともいうべきものが、かつてあった。単なる情報源ではなく体感・体験メディアとしての雑誌の最後の砦が学習誌なのだ。

体感的・立体的に世界を学ぶ仕掛け

❷
❸

❶『小学二年生』
1968年9月号付録
❷『小学一年生』
1959年10月号の付録予告
❸『小学二年生』
1951年8月号の付録予告

『小学一年生』
1959年9月号

『小学二年生』
1951年7月号

『こくみん二年生』
1946年2月号

『セウガク一年生』
1935年3月号

『小學六年生』
1922年12月号

❶
❷

(34)
つづきどうわ
あかるいおうち
だい四かい
土家由岐雄
武田将美え

—これまでの おはなし—
ちびちゃんは、おかあさんに なって、ちょきんばこの おかねを だして、まさおくんと どうぶつえんへ いきました。でも、すぐ みつかって しまいました。ふたりが しかられて いる とき、ちょうど おきゃくさまが いらしたので、ふたりは にげだし、おやつさがしを はじめました。

おかあさんの おきゃくさまは、なかなか おかえりに なりません。まさおくんと ちびちゃんは、どこを さがしても、おかしが みつからないので、あきらめました。
つくえに むかって、まさおくんは べんきょうを はじめました。がっこうで ならった かんじを、五ど ずつ かく ことに しました。
白、白、白、白、白と、かいて いると ちびちゃんが よこから たずねました。
「おにいちゃん、それ

(35) あかるい おうち

❶『小学二年生』1951年7月号　❷『小学一年生』1959年9月号　❸『小学四年生』1965年3月号　❹『小学一年生』2005年1月号

Gender Image

雑誌界が世代·性別·趣味で微分化される中、学年誌が「ジェンダーフリー」の孤塁を死守する皮肉。芸能誌亡き後、雑誌的カップル文化を継承したのも学年誌だ。オヤジファッション誌の表紙とはむろん異質。

小学館の学年誌
Graphics ❷

男女学童ペアのイメージの変容

❸
❹

『小学一年生』
1980年2月号

『小学一年生』
1977年1月号

『小学一年生』
1970年1月号

『小学四年生』
1964年10月号

『小学一年生』
2005年3月号

第8章
『クイック・ジャパン』
〈B6判マガジン〉が描いた夢

「大手出版社は、雑誌を大きくすることがカッコいいことだと思ってる。成長とともに小さくなっていく雑誌があってもいいハズさ。／それから戦術的な意味もある。書店では、逆に小さいほうが目立つし、特別なところに置いてくれる」

アムステルダムのサブカルチャー誌『HYPE』の編集発行人ヘンク・フィッシャーは、『クイック・ジャパン』第三号（九五年八月・太田出版）のニュース情報欄に載ったインタビューで、そんなことを言っていた。いかにもこの雑誌ならではの記事だが、皮肉なことに当の『クイック・ジャパン』（以下『QJ』）自身は、この号から判型を「大きく」している。といっても昨今の雑誌界で、B6判をA5判に変えることを「大きくする」と呼べるとすれば、なのだが。

その号の編集後記には、そのへんの事情がやや自己韜晦的な会話文体で書かれている。

「編集長はあのB6判に結構こだわってたんで、実は泣いてるらしいけどね。北山耕平時代の『宝島』に思い入れてる人だから。（中略）きちんと雑誌、つまり定期刊行物として認められたいってことでしょ。『だってコンビニに置きたいためにA5判にした』って噂に聞いたよ」

筆者は同誌編集発行人の赤田祐一自身だと思うのだが、そこにはまさに〈雑誌のカタチ〉におけるひとつの「極限」が示唆されているようで、なかなか興味深い。いずれにしても、それ以後、B6判（またはA5より小さい判）の「一般誌」は、私の知る限り、雑誌界から姿を消すことになる。おそらく「書店では、小さいと目立たず、特別なところに置かれてしまう」のだ。

つい「一般誌」と括弧でくくってしまったが、『QJ』という雑誌は、その定義の曖昧な境界を体現する雑誌でもあった。九三年八月の「創刊0号」が、飛鳥新社社員の赤田によって自費出版された「社

◉『Quick Japan クイック・ジャパン』（太田出版）
一九九三年、赤田祐一が独力で企画・編集・資金調達を行った創刊準備号（飛鳥新社）を経て、一九九四年に太田出版で正式創刊。サブカルチャー全般の動向をいちはやくキャッチし続けている雑誌。現在は隔月刊

内インディー誌」であったことは、すでによく知られている（少なくとも業界内では）。彼の書いた企画書を社長が「一行も理解できなかった」という逸話も残っている。結局、同社の書籍ルートを通じて刊行された創刊0号が「八〇〇〇部完売」という条件をクリアできなかったため、赤田は太田出版に移籍し……といった詳しい経緯は省くが、とにかく『QJ』は、赤田祐一という一編集者の個人的な「雑誌幻想」（と、とりあえず呼んでおく）をカタチにするために生まれた、ほとんど「一〇〇パーセント個人誌」と呼んでいい代物だった。

と書いてしまってから、ふと自問してみる。では、菊池寛の『文藝春秋』は、花森安治の『暮しの手帖』は、矢崎泰久の『話の特集』は、ついでにヤン・ウェナーの『Rolling Stone』は、そうではなかったのか、と。雑誌がそのような生まれ方をするのが「異常」なことになってしまった現在こそが、むしろ異常なのではないか、と。

ただし赤田の「雑誌幻想」は、先達たちのそれとも異質ではあった。そのサブカルチャー／カウンターカルチャーへの濃密なこだわり方、さらにその時空を超えた広大な拡がり方が、半端ではないのだ。もちろん私とて他人のことを言えた義理ではないのだが、彼の場合、それが単なる個人的・同時代的な体験をはるかに突き抜けている。「サブカル誌オタク」などという趣味の次元を超えた、関係と普遍を志向する人間観・世界観へと昇華されている。

つまり、それこそが彼にとっての〈編集〉という作業なのだろう。そうでなければ『QJ』は、ただの「赤田サブカル・コレクション」に終わっていたはずだ。

そして、そのカタチが〈B6判ペーパーバックマガジン〉であったことも、単なる「北山耕平時代の『宝

★――『クイック・ジャパン』一九九三年八月創刊準備号（飛鳥新社）

★――『クイック・ジャパン』一九九四年九月創刊号（太田出版）

★――『クイック・ジャパン』一九九五年四月号（第二号）（太田出版）。表紙が三枚続くのは、赤塚不二夫が編集長を務めた幻の雑誌『まんがNo.1』へのオマージュ

島』」（あれもまたひとつの個人誌ではあった）への思い入れやオマージュとは次元を異にする意志と思惑があった。

赤田――もちろんぼく自身の雑誌原体験がB6判時代の『宝島』だった、ということはあるでしょう。でも、雑誌を構想した時点では、すべてを白紙に還して『宝島』のことも忘れて、あらゆる印刷物の可能性を考えたんです。あの体裁も『宝島』よりも、むしろ片桐ユズルさんが編集した『ビート詩集』という単行本に触発された部分が大きい。三段組の脚注入りフォーマットは、やっぱり山崎さんの『なぜなにキーワード図鑑』の影響でしょう（笑）。本のようにコンパクトに持ち歩けて、雑多な声がぎっしり詰まっていて、隅から隅まで読みたくなる雑誌――つまりそれがぼく自身が今いちばん読みたい雑誌だった。とにかく小さなスペースに細かい文字を詰め込むことによって生まれる凝縮された強度、といったものに強迫観念に近いものを抱いてました。本文を新聞書体にしたのも、もちろん『ワンダーランド』の影響もありますが、とにかくスピード感を出したかった。自分にとって雑誌感のある、ジャーナリズム感のあるものを追い求めたら、ああなるしかなかったんです。

自分が生まれる前、自分が生まれた国の外に至るまで、彼の文化雑誌に関する知識は驚異的なものだ（「六一年生まれ」を疑いたくなる）。しかし彼は書斎派ではない。気になる人、気になる情報、気になる雑誌があれば、即座にすっ飛んでいくフットワークの持ち主だ。B6判というサイズは、彼の身体感

★――B6判の『宝島』一九七五年一月号（JICC出版局）。北山耕平（小泉徹）が実質の編集長だった

★――片桐ユズル訳編『ビート詩集』（国文社・一九六二年）。「ピポー叢書」と名づけられた詩集・詩論シリーズの一冊。B6判より天地が短い変型判（128×154mm）

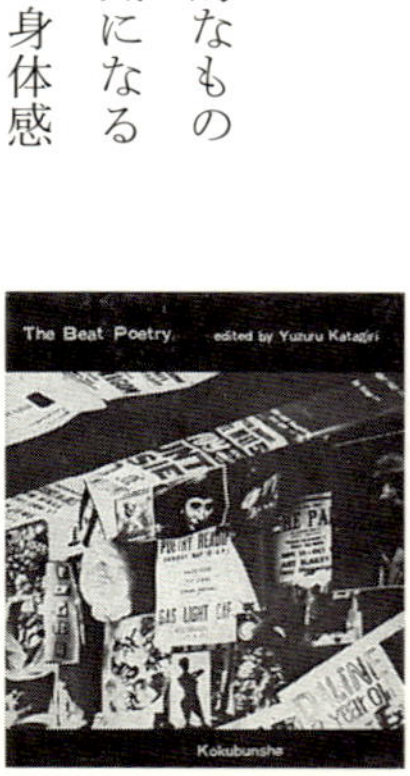

覚にフィットするものでもあったはずだ。そして、そのサイズのパルプ・ペーパーバックマガジンは、片手でページを繰ることのできる「最大」のものでもある。「大判のストリート・マガジン」など、彼には形容矛盾だったに違いない。「雑誌感がある」という彼独特の言い回しも、そんな原体験を核にして膨張した彼自身の雑誌観を、直観的に集約したものなのだろう。

ページの陰で待ち伏せされる

小型化・復刊直後の『宝島』（七四年八月号・編集長は片岡義男）の編集後記には、当時の大型ヴィジュアル化傾向への反撥とともに「かつてアメリカの若者に熱狂的に迎え入れられたペーパーバック・マガジン『US』を乗り越えたい、というマニフェストが書かれていた。それを読んだ赤田は、その後、彼の頭の中に理想化されていた『US』の現物と出会い、かなり幻滅したという。想像していたほどの「雑誌感」は、そこにはなかった。となれば、彼は「彼自身の『US』」を自分で創ってしまうしかなかったのだろう。

ただしそのためには、彼の「雑誌幻想」を完璧に近いリアリズムで設計してくれる職人的エディトリアル・デザイナーが必要だった。彼が蒐集・蓄積した厖大な資材で、限られたスペースに「強度とスピード感と雑誌感」に満ちたグラフィズムを構築できる、エディターの資質を併せ持つデザイナー。その人選を、彼はすでに「一二年前」に済ませていた。

★——山崎浩一『なぜなにキーワード図鑑』（冬樹社・一九八四年）。菊判変型（144×220mm）、造本装丁は奥村靫正。菊判の天地サイズ（220mm）を効果的に活用した三段組フォーマット

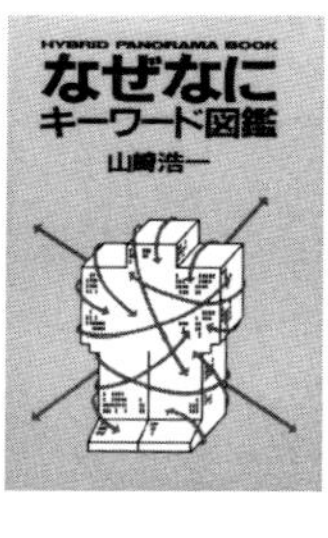

赤田――羽良多平吉さんに初めてお会いしたのは、大学時代の確か八〇年でした。当時、彼はプライベート・デザイン誌『WX－raY（ダヴレクシィー）』を創刊しようとしていたんですが、そこへ「手伝わせてくれ」と押しかけたんです。結局、そのときは不発だったんですが、『QJ』を構想するときにもう一度、一二年ぶりに仕事場を訪ねたんです。彼に最初に言われたのは、まず「版下台紙を一〇〇〇枚用意すること」でした。そして、さっそくB6判のレイアウト・パターン作りに熱中して、結局、一段組から五段組まで変幻自在のパターンをひねり出してくれました。ただその後が大変です。完全後割りのデザインですから、原稿・図版・タイトル……全部の材料を耳を揃えて持って行かなきゃならない。DTPどころかメールさえありませんから、全部手と足だけで作ってました。判型が小さくてレイアウトの制約が大きくても、かかる手間とカネは同じかときにはそれ以上ですから……。ワリに合わないと思いましたよ。結局、羽良多さんに全ページやってもらうのは、創刊二号までの三冊が限界でした。それが三年かかりました。ええ、年刊誌ですよ。

羽良多――小型のペーパーバックマガジンと聞いて、即座に「面白い、やってみよう！」という気になりましたね。赤田君も読者も自分よりずっと若いのも冒険的でしたし、彼が見せてくれるアメリカの新雑誌（『RAY GUN』をはじめ、『SPEAK』『KGB』『WET』、そしてその後もリンクしていった『BLAH BLAH BLAH』などなど）のグラフィズムも刺激的でした。作業はほとんどぼくの仕事場に彼が通い詰めて、当時のスタッフだった高橋勝義君と三人で相談しながら決めました。「カラー口絵は

★――『季刊WX－raY（ダヴレクシィー）』創刊準備号（WXY Inc.・一九七九年）。B4判というこれまた独特の雑誌の〈カタチ〉

★――『クイック・ジャパン』創刊時の参考資料となった海外のインディペンデント・マガジンの数々（『RAY GUN』『SPEAK』『WET』）

本文のハイライトが飛び出してきたものが、そのままインデックスになった風」にしようとか「読者ページはとにかく細かい文字になっても、手紙は全部載せちゃおう」とか。創刊0号の『沙漠の魔王』の記事は僕が『WX-raY』でやろうとした企画でもあったから、取材に参加したり……。なにしろ当時ハイテクと呼べるのはキヤノンのモノクロ・コピー機だけで、あとはカッターとピンセットと三角定規。版下に素材を貼り込んでも試行錯誤したりやり直したりできるように、ペーパーセメントじゃなく両面テープを使いました。今思い返すと、よくもあんな手間のかかることを三〇〇ページもやれたもんです。でも、あらゆる細かい実験・工夫がやり放題だったから、その後もうデジタルでもできないことはない、という自信がつきましたね。あれを思えば……(笑)。

赤田の目に焼き付いているのは、羽良多が「洗濯物を干すように」仕事場に渡したロープに、見開きごとのラフレイアウトを並べて吊し、全ページの流れを確認している光景だという。B6判・三〇〇ページを羽良多グラフィズムで埋めていく手作業を象徴するエピソードだ。羽良多によれば、それはかつて何かで見た『Paris VOGUE』誌の制作プロセスでの工夫に倣ったものだという。ただし彼らは物干しロープ(?)ではなく、オフィスの広い壁を使っていたのだが。

本文校正は五回。しかも文字量は膨大かつ細密。一三ページに及ぶ読者ページなどは「8級新聞明朝・長体2」である。これを読み通すには、今や私には老眼鏡か虫眼鏡が必要だ。いや、たとえ一〇年タイムスリップしたとしても、ブロックごとに字組が変幻自在に変わり、膨大な脚注が上へ下へ中へと移

★──『クイック・ジャパン』創刊準備号に掲載された「覆面の世紀:『沙漠の魔王』を忘れるな!」。幻の絵物語作家、福島鉄次にスポットライトを当てる

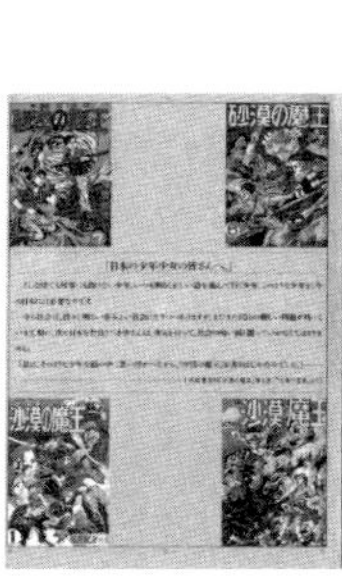

★──『クイック・ジャパン』創刊号読者ページの組版例(原寸)

★「読みたい雑誌がひとつもない。自分で作るしかないと思った」という『クイック・ジャパン』(以下〝QJ〟)と赤田祐一(30)。彼は飛鳥新社・書籍編集者でありながら、オール自費で新作ろうとしている。最初は自宅を編集して直販で通信販売をすることを考えたが、会社の書籍ルートを使い全国書店で売るという新手法を試みる。「がネックなんですよ。いくらいいものっても、知らなければ、全くわからかまま終わっちゃいますよね。影響力が

動し、横組みページが突如出現し、刷色や紙色が変化し、左右の段間が意図的にズラされ、ザラ紙のカラーページに蛍光色が乱舞し、ときには表紙が三枚続き、余白がほぼ皆無であり、低解像度の写真や素人クオリティのイラストやマンガが跋扈し、小さな誌面に八面六臂のタイポグラフィが混ざり合うこの雑誌を、スムースに読み通せたかどうか怪しい。しかもそれらは、すべてB6判に切り取られた空間で起きていることなのだ。

が、しかしその一方で、「コンパクトなダイナミズム」や「ミニマルなスペクタクル」としか呼びようのない未体験の眩暈に、「お節介なリーダビリティ（読みやすさ・わかりやすさ）」にすっかり馴らされてしまった知覚の扉が激しくノックされる快い不快感を感じてしまう自分がいる。そう、これなのだ、まさしく。雑誌を繰る体験から、ついぞ失われて久しかった快楽は。「痒くない所にも手が届く」サービスではなく、「ページの陰で待ち伏せされる」スリル。

誤解しないでほしいのは、けっして私は「B6判雑誌の復活」を望んでいるのでもなければ「表紙取ったらみな同じの大判ヴィジュアル誌の閉塞的氾濫」を嘆いているのでもない。ただ、このカタチを巡ってかつて展開されたギリギリの攻防戦から、「結局、雑誌とは何なのか？」を考え続けるヒントが見出せそうな予感だけがある。

羽良多——デザインワークにMacによるDTPを開始したのは、九五年でした。つまり『QJ』はぼくの一〇〇パーセントアナログ時代の最後の仕事だったというわけです。自分が終えた仕事にあまり執着しない方なんだけれど、あの仕事だけは妙に思い出深い。忘れたくても忘れられない。冒険的で刺激的な共同作業だったからか、学ぶことが山ほどあったからか、よくわからない。たぶんその全部でしょう。「一時間でいいから眠らせてくれ」と机の下に頭つっこむ日々だったけど、不思議につらいとは思わなかった。理屈抜きで一瞬一瞬が勝負だったから、デザイナーとしては「やりたくない」はずのことも、エディターの視点でなら楽しめた。そういったことのひとつひとつが、うれしかったんですよ。ほかにも妙に記憶に残っているのが『ワンダーランド』創刊号と大判『宝島』の休刊号。自分が関わった最小雑誌と最大雑誌。ぼくが印刷物に興味を持ったのも、少年時代に見ていた映画のポスターや、洋菓子店や百貨店の包装紙。雑誌では、高校時代に本屋で見つけた『話の特集』創刊号でしたから。ADが和田誠さんの。あれも小さな雑誌でした。あの頃の『QJ』をもう一度やれと言われたら？　純粋に技術的になら、今ならもっと面白く速く楽しくできるんでしょうね。でも、もうおそらく二度とできないだろうな、あんなふうには。

まだ見えぬ〈雑誌のカタチ〉へ

赤田――結局、「書店で埋もれてしまう」「どこに置かれるかわからない」といった版元の営業的判断に屈する形でA5判にリニューアルするわけですが、まだこだわりは残っても後悔はありませんね。創刊号は二万部の壁を越せたし、リニューアル後は確かに部数が伸びました。ただひとつだけ心残りなのは、DTPの導入に乗り遅れたことかな。もっと早くデジタル化できて

★――A5判にリニューアルされた『クイック・ジャパン』一九九五年八月号〈第三号〉（太田出版）

いたら、別の可能性もあったのかもしれない。『Wired』のような雑誌にも刺激を受けたのですが、とにかく目の前の問題処理に追われてましたから。でも、アマとプロの混在した謎のような図版群を、羽良多さんもよく見事にまとめ上げてくれました。ぼくはいいかげんでアバウトな雑然とした人間ですが、羽良多さんは完璧主義で洗練された遊び心もある職人。そんなミスマッチだからこそ、あんなやり方でもなんとかあそこまでできたんでしょう。結局、作ろうとする意志を持つ人材とそれを共有できる関係さえあれば、雑誌は作れます。あとはその関係を維持できる適当なハードとソフトと環境さえあれば。スポンサーがいればできるわけじゃない……。でも、『QJ』からリタイアして何年も経った今でも時々、夢を見るんですよ。羽良多さんのデザインが上がるのを、じ～っと待っている夢を（笑）。

教科書や文芸・論壇誌の堅いイメージを纏っているA5判が、一回り小型化してB6判になると、たちまち微妙にいかがわしいアウトサイダー的イメージを纏い始める。それはたとえば高校の授業中に教科書の陰で隠し読みした『POCKETパンチOh！』（『平凡パンチ』B6判別冊。そういえば新左翼用語辞典やアングラ文化情報が載っていた）や、非合法なモノが特集されたりロバート・クラムのコミックが無断転載されていたB6判『宝島』の記憶のせいだけではあるまい。

このサイズの雑誌が消え去る一方で、ミニノートPCやモバイル端末が普及し、大量の情報を送受信したりポケットに入れて持ち運べる時代になった。そんな中に再びこのサイズのアナログな雑誌を置き直してみたら、いったいどんな新たなイメージを纏い始めるのか……などと夢想してもみる。

★──『Wired』は一九九三年にアメリカで創刊。PCカルチャーを背景にしたライフスタイル・マガジン。写真は二〇〇〇年六月号

★──B6判の『Pocketパンチ Oh!』一九六八年六月創刊号（平凡出版）

世代を超えて「小さな雑誌のカタチ」へのこだわりを共有したふたりのエディトリアル・ワーカーの三年間の冒険（九八年三月の一八号まで）が、結局、雑誌の世界にどれほどの波紋を広げたのか、正確に測ることはできない。けれども、少なくとも「このカタチへのこだわり」があればこそ垣間見えた新たな地平・可能性があったことだけは、ほぼ確かなのではないだろうか。

それはまた、判型や体裁やデザインを超えて、それが成立する環境までをもひっくるめた〈雑誌のカタチ〉への視座を与えてくれる。どんなふうにカタチを変えてでもとにかく定期的に刊行される雑誌がある一方で、ひとつのカタチを維持するために特定少数の読者に向けて不定期に刊行される雑誌や、はたまた期間限定のプロジェクトとして起ち上げられる雑誌があってもいい。あるいは一社員編集者が自腹で社内インディー誌を試みてもいい。読者を選ばない雑誌・選ぶ雑誌、広告を入れる雑誌・入れない雑誌……。もっといろいろな〈雑誌のカタチ〉があっていい。いや、あるべきだと思う。

デジタル化とネット化の波は、やがて雑誌というメディアの新たな、または本来の輪郭を浮き彫りにしてくれるはずだ。そのとき、ようやくわれわれがなぜ〈雑誌のカタチ〉を必要とし、しかもそれを愛してきたのかが理解できるのかもしれない。「いつか見た雑誌のカタチ」ではなく「まだ見えぬ雑誌のカタチ」への想像力の一助となれるなら、本書は大成功である。

★——羽良多平吉が表紙・口絵デザインを手がけ、赤田祐一が編集に関わった最後の『クイック・ジャパン』一九九八年三月号（第一八号）

Design Format

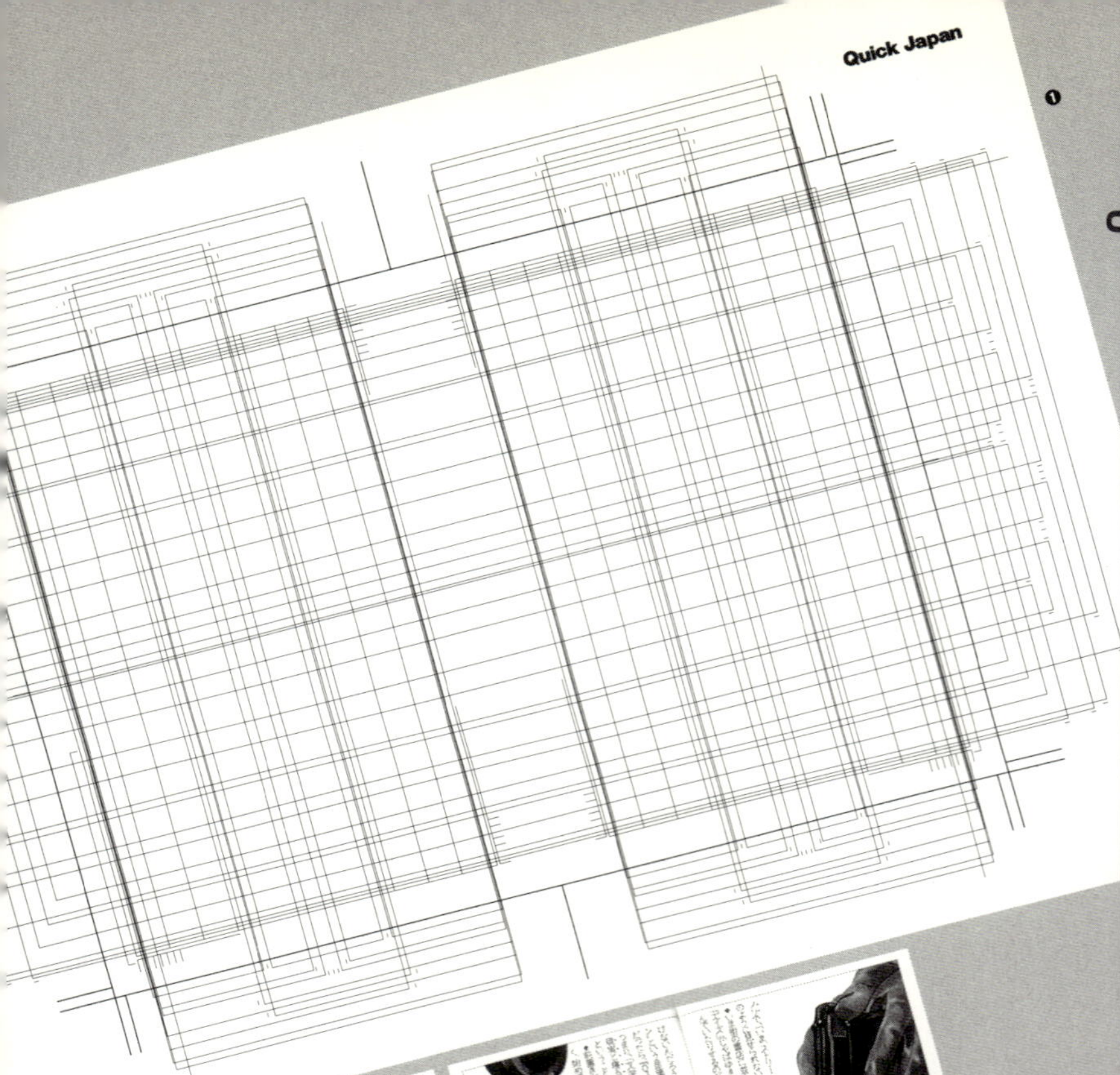

❶

❷
❸
❹
❺

クイック・ジャパン
Graphics ❶

B6版というミニマムな判型に多彩で変幻自在なカタチを実現したのは、この精緻なレイアウト用紙だった。一見無構造な誌面は、実はここまで徹底的に計算・設計されたフォーマットから生まれている。

精緻なフォーマットから生まれる変幻自在のデザイン

❶
創刊準備号制作時に
作られたレイアウト用紙
❷❻
1995年4月号(第2号)
❸❺❼
1994年9月創刊号
❹
1993年Summer
創刊準備号(第0号)

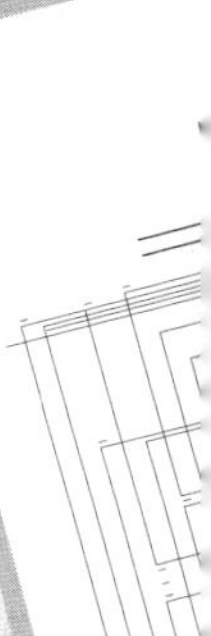

❻

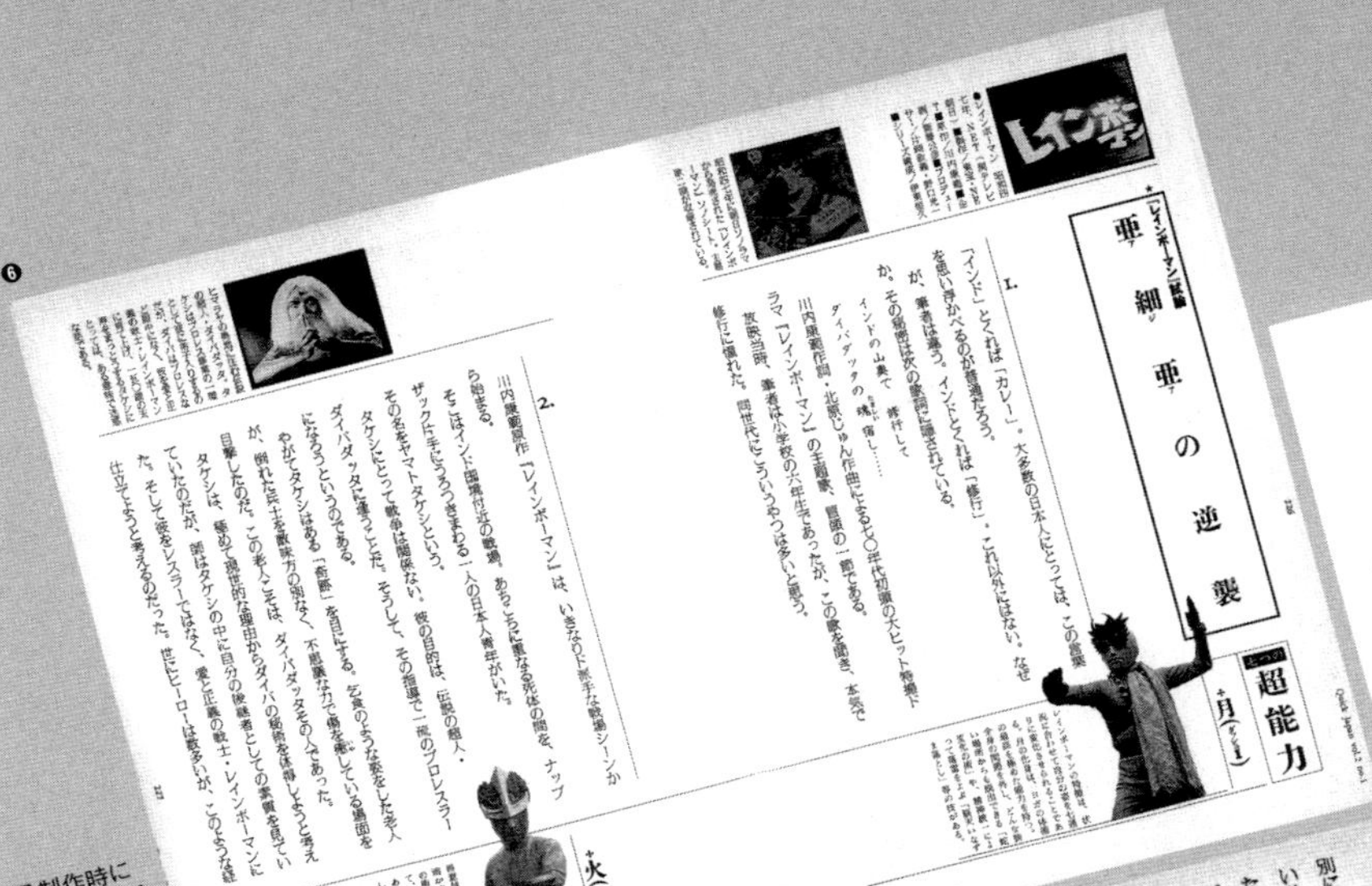

「レインボーマン」試論

亜細亜の逆襲

1.

「インド」とくれば「カレー」。大多数の日本人にとっては、この言葉を思い浮かべるのが普通だろう。

が、筆者は違う。インドとくれば「修行」。これ以外にはない。なぜか。その秘密は次の歌詞に隠されている。

インドの山奥で　修行して
ダイバダッタの　魂　宿し……

川内康範作詞・北原じゅん作曲による七〇年代初頭の大ヒット特撮ドラマ『レインボーマン』の主題歌、冒頭の一節である。

放映当時、筆者は小学校の六年生であったが、この歌を聞き、本気で修行に憧れた。同世代にこういうやつは多いと思う。

超能力
月(ダッシュ1)

2.

川内康範原作『レインボーマン』は、いきなりド派手な戦場シーンから始まる。

そこはインド国境付近の戦場。あちこちに重なる死体の間を、ナップザックを手にうろつきまわる一人の日本人青年がいた。

その名をヤマトタケシという。

タケシにとって戦争は関係ない。彼の目的は、伝説の超人・ダイバダッタに逢うことだ。そうして、その指導で一流のプロレスラーになろうというのである。

やがてタケシはある「奇蹟」を目にする。乞食のような姿をした老人が、倒れた兵士を敵味方の別なく、不思議な力で傷を癒している場面を目撃したのだ。この老人こそは、ダイバダッタその人であった。

タケシは、極めて現世的な理由からダイバの秘術を体得しようと考えていたのだが、師はタケシの中に自分の後継者としての素質を見ていた。そして彼をレスラーではなく、愛と正義の戦士・レインボーマンに仕立てようと考えるのだった。世にヒーローは数多いが、このような経

火(ダッシュ2)

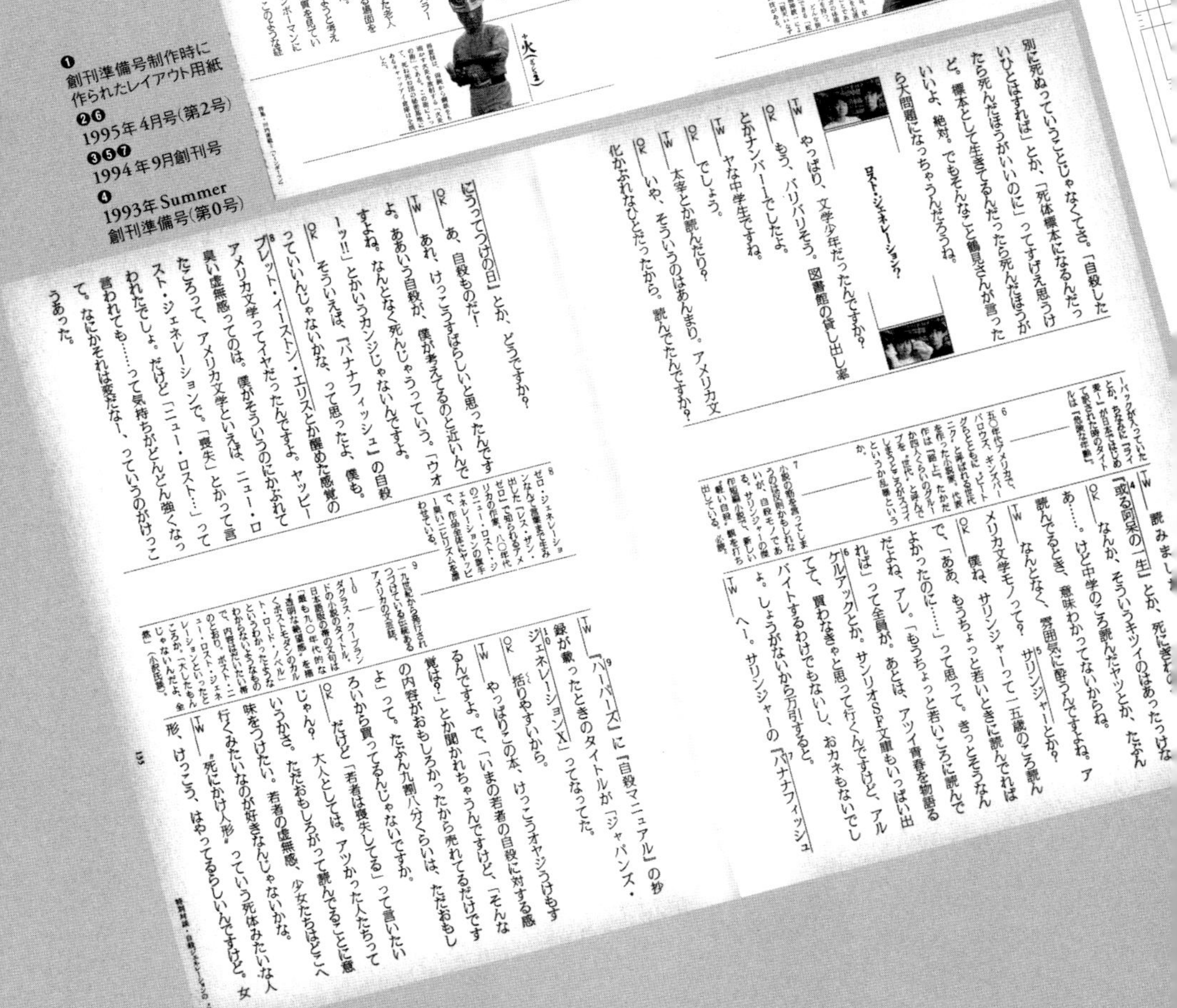

別に死ぬっていうことじゃなくてさ。「自殺したいひとはすれば」とか、「死体標本になるんだったら死んだほうがいいのに」ってすげえ思うけど。標本として生きてるんだったら死んだほうがいいよ、絶対。でもそんなこと鶴見さんが言ったら大問題になっちゃうんだろうね。

ロスト・ジェネレーション?

TW　やっぱり、文学少年だったんですか?

OK　もう、バリバリそう。図書館の貸し出し率とかナンバー1でしたよ。

TW　ヤな中学生ですね。

OK　でしょう。

TW　太宰とか読んだり?

OK　いや、そういうのはあんまり。アメリカ文化かぶれなひとだったから。読んでたんですか?

TW　読みまし

『或る阿呆の一生』[4]とか、死にきれ

OK　なんか、そういうキツイのはあったっけな
あ……。けど中学のころ読んだヤツとか、たぶん読んでるとき、意味わかってないからね。

TW　なんとなく、雰囲気に酔うんですよね。アメリカ文学モノって?　サリンジャー[5]とか?

OK　僕ね、サリンジャーって一五歳のころ読んで、「ああ、もうちょっと若いときに読んでればよかったのに……」って思って。きっとそうなんだよね、アレ。「もうちょっと若いころに読んでれば」って全員が。あとは、アツイ青春を物語るケルアック[6]とか。サンリオSF文庫もいっぱい出てて、買わなきゃと思って行くんですけど、アルバイトするわけでもないし、おカネもないでしょ。しょうがないから万引すると。

TW　へー。サリンジャーの『バナナフィッシュ[7]にうってつけの日』とか、どうですか?

OK　あ、自殺ものだ!

TW　あれ、けっこうすばらしいと思ったんですよね。ああいう自殺が、僕が考えてるのと近いんですよ。なんとなく死んじゃうっていう。「ウォーッ!!」とかいうカンジじゃないんですよ。

OK　そういえば、『バナナフィッシュ』の自殺っていいんじゃないかな、って思ったよ、僕も。ブレット・イーストン・エリス[8]とか醒めた感覚のアメリカ文学ってイヤだったんですよ。ヤッピー臭い虚無感ってのは。僕がそういうのにかぶれてたころって、アメリカ文学といえば、ニュー・ロスト・ジェネレーションで。「喪失」とかって言われたでしょ。だけど「ニュー・ロスト…」って言われても……って気持ちがどんどん強くなって。なにかそれは変だなー、っていうのがけっこうあった。

TW　『ハーパーズ』[9]に『自殺マニュアル』の抄録が載ったときのタイトルが「ジャパンズ・ジェネレーションX[10]」ってなってた。

OK　括りやすいから。

TW　やっぱりこの本、けっこうオヤジうけもするんですよ。で、「いまの若者の自殺に対する感覚は?」とか聞かれちゃうんですけど、「そんなの内容がおもしろかったから売れてるだけですよ」って。たぶん九割八分くらいは、ただおもしろいから買ってるんじゃないですか。

OK　だけど「若者は喪失してる」って言いたいじゃん?　大人としては。アツかった人たちっていうかさ。ただおもしろがって読んでることに意味をつけたい。若者の虚無感、少女たちはどこへ行くみたいなのが好きなんじゃないかな。

TW　"死にかけ人形"っていう死体みたいな人形、けっこう、はやってるらしいんですけど。女

ーバックが入っていたとか。ちなみに「ライ麦ー」が日本ではじめて訳された時のタイトルは『危険な年齢』。

6　五〇年代アメリカで、バロウズ、ギンズバーグらとともに"ビートニク"と呼ばれる世代を作った小説家。代表作は『路上』。たかだか四人くらいのグループを"世代"と呼んでしまうところがスゴイというか乱暴というか。

7　小説の筋を言ってしまうのは反則かもしれないが、自殺モノである。サリンジャーの傑作短編小説で、新しい"軽い自殺"観を打ち出している。必読。

8　ゼロ・ジェネレーションなんて言葉まで生み出した『レス・ザン・ゼロ』で知られるアメリカの作家。八〇年代のニュー・ロスト・ジェネレーションの旗手で、作品全体にヤッピー臭いニヒリズムを漂わせている。

9　一九世紀から発行されつづけている伝統あるアメリカの文芸誌。

10　ダグラス・クープランドの小説のタイトル。日本語版の帯の文句は「誰も九〇年代的な"透明な絶望感"を描くポストモダンのカルト・ロード・ノベル」。で、内容はだいたい帯のとおり。ポスト・ニュー・ロスト・ジェネレーションといったところか。「大したもんじゃないんだよ、全然」(小説氏談)。

❼

❸
❹

❶
❷

❶
1993年 Summer
創刊準備号(第0号)
❷❸
1994年9月創刊号
❹
1995年4月号(第2号)

Title Page

クイック・ジャパン
Graphics ❷

文字が緻密に詰め込まれた記事ページに対して、それらを隔てるタイトルページは余白や手書きを効果的に配した端正なインパクトに溢れている。これが128×182mmの空間で行われていたのである。

書体選択、文字組みの枠を凝らす

❺

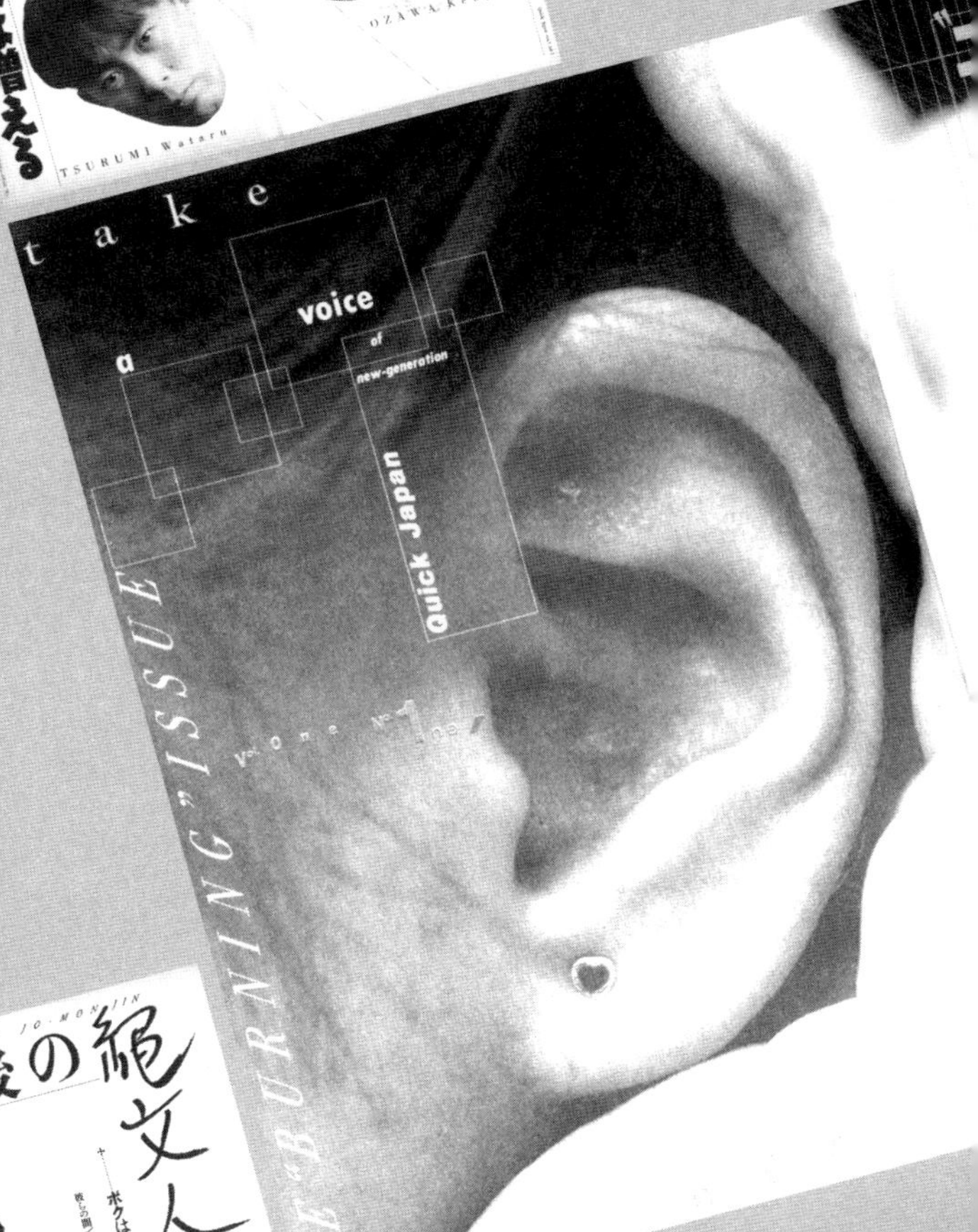

❻

❺
1993年 Summer
創刊準備号(第0号)
❻
1995年4月号(第2号)

◉——あとがき

わが家の小学一年生の息子が「雑誌」を作った。それはノートやらくがき帳やチラシをハサミで切りそろえて、ヤマト糊やホチキスで綴じただけの実にほほえましい雑誌以前のシロモノなのだが、ちゃんと表紙（アニメの『ケロロ軍曹』が描かれている）もあるし、折り込みページや袋綴じページだってある。その内容はといえば、まず最近の彼のマイブームである恐竜や古生物の図鑑、さらに首都圏の私鉄各社の「グラビア」図解。ここまでが色鉛筆とマーカーを駆使したカラーページだ。そして「本文」ページに入ると、覚えたての漢字や計算が雑然と並び、それらに関連するイラストレーションがいちいち添えられていたりする。さらにページを繰ると、知り合ったばかりのクラスメートの名前と似顔絵の一覧が見開き展開され、ページの隅にはなぜか将棋の棋譜が……。

わかっている。もういいかげんにしよう。

親バカさらしてまで何が言いたかったのかというと、そうやってページを繰りながら、久々に「雑誌」にワクワクと心躍らせている自分を発見した、というわけなのだ。「なるほど。こいつの頭の中は今こうなっておるのか」と。

それこそ単なる親バカの所産にすぎなかろう、と言われればそれまでではある。が、それがこのような〈雑誌のカタチ〉をまとっていたことが、ただの偶然とも思えない。そこには人間の原初的かつ普遍的な知的欲動や身体感覚が、象徴的に結実しているように思えてならないのである。秘密のヴェールを一枚ずつ剥がしていくように指でページを繰り、次々に眼前に繰り広げられる新たな雑然たるスペクタクルに驚きたい、という……。

ふり返ってみれば、息子と同じ年頃の私もまた、やはり同じようなものを作って喜んでいたはずなのだ。そして私の場合は、結局、それがやめられずに今日にいたってしまった、息子の未来はもちろん神のみぞ知る、というだけの話である。

さきほど「久々に『雑誌』にワクワクと心躍らせる自分」と書いた。自分が育った時代を絶対的な基準にしてものごとを判定してしまうのは、やはり世代を超えた悪癖なのだろうけれど、確かに私は「雑誌にワクワクと心躍らされる」時代にあまりにドップリ浸かりすぎてしまった。その意味では、現在の雑誌界(「雑誌業界」ではなく)を眺める私の視線も、あまりフェアなものではないのかもしれない。

さらには「雑誌界を眺める」といっても、その全貌を視界に収めるなど、ほぼ不可能なことだろう。駅のキオスクに並べられる一握りの雑誌の「全貌」でさえ、普通の生活をする限りとてもカバーもフォローもできやしないというのに。国内だけに限っても、まだ私がその存在すら想像もできないような雑誌が、どこかで密かにあるいは堂々と読まれているに違いないのだ。それは私の足下のアンダーグラウンドかもしれない。

本書の随所で私がふと漏らす「いまどきの雑誌界」に対する訳知りじみた苦言も、つまりは私自身の個人的かつ限定的な雑誌体験のみを基準にした、かなり恣意的かつ直観的なものなのだろう。そもそも私自身が「いまどきの雑誌界」の末席を汚しながら日銭を稼いできたわけなのだから、あまり偉そうなことを言えた義理ではない。「いまどきの雑誌界」に責任を負う、私もまたひとりの部内者であり共犯者であり当事者なのである。その意味では、私とまったく同じ雑誌体験を持つ人間もまた、この世のどこにも存在しない。

雑誌にワクワクと心躍らせる機会が少なくなったのだとすれば、おそらくそれはこの〈世界〉そのもの、この〈人生〉そのものの反映にすぎないのだろう。雑誌から〈雑〉が失われつつあるのだとすれば、おそらくそれは私たちの意識の中からも失われつつあるのだろう。そんな環境に適応し生存するために、雑誌という生き物もまた新たな形質(カタチ)を獲得し古い形質を遺棄しているにすぎないのだろう。今日までの雑誌の変遷史もまた、さまざまな偶然と必然、さまざまな融合と淘汰、さまざまな模倣と差異化、さまざまな競合と共生のプロセスをくぐり抜けながら選択され最適化されてきた、手探りの試行錯誤の集積にすぎないのだ。「あるべき理想の雑誌」などというものが存在するわけではない。

それでも、と、やはり言わせていただきたい。それでも、そこまで世界や時代に付き従う必要があるのだろうか、と。世界や時代をズタズタに細分化して、実在するかどうかも怪しい読者イメージやライフスタイルを仮構して、それをたったひとつのイメージキャラクターやキャッチフレーズへ誘導して、「はい、これがあなたですよ、あなたがなりたいのはこんな人でしょう」とツルツルのアート紙の上にそこから逆算して得られるイメージの断片を網羅して、次号はまたちょっとだけ自己差異化を施しつつ自己模倣を繰り返して……その集積力と継続力には頭が下がるのだが、毎号これを作り続けている当人たちは、はたして楽しいのだろうか、と。

生物種は爆発的に多様化を続けているものの、個々の種族や生物はそれぞれの環境に過剰適応して、もはや進化の袋小路にはまり込んでしまったような閉塞感。全体としては豊かな分散性・展開性・混沌性を秘めていながら、個別には収縮性・反復性・画一性をますます強めているような息苦しいパラドックス……。もちろんこれもまた昨今の雑誌界のみに限った話じゃないことはわかりきってはいるのだが、この妙な息苦しさには、個人的な雑誌体験も手伝ってか、雑誌界独特のものがあるような気がしてしまうのだ。

雑誌が「さまざまな雑念や雑音や雑言がごちゃごちゃに書き記されたもの」であるとするならば、いまや大半の雑誌はむしろ《純誌》と呼ぶべきシロモノなのではないか、とさえ思えてしまう。雑音に対する信号の比率が異常に高い（S／N比が高い）ハイファイ・メディア。

そして雑念や雑音や雑言の中にこそ、私たちが「信号」と決めつけてしまう領域を超えて外部や他者へとひろがり、つながる「隠れたもうひとつの信号」が含まれていたりもする。実際、さまざまな雑誌に触れることによって、私はそのような体験を何度もしてきた。ページの片隅にひっそりと載せられた一本の無署名コラムが、めくるめく異界への抜け道や虫食い穴であったりもする。それはあらゆる信号も雑音も、なんでも呑み込んでしまう鉄の胃袋を持つ〈雑誌というカタチ〉ならではの体験だったのだと思う。いや、「だった」などと過去形を使うのはよそう。

その対極にあるのが、インターネットの検索エンジンかもしれない。それはもちろん実に便利きわまりない「メディア」である。なにしろワンクリックで瞬く間に、厖大な「雑音」の中から「信号」だけを拾い出してくれるのだから。このS／N比には、雑誌はどう転んだってかなわない。

そう、かなわなくっても、いいのである。かなう必要など、ないのである。「知ってるもの」にしか出会えない、検索キーワードすら思いつけない「未知の世界」にはたどり着けない乗り物になんぞ……。もちろんそれは優劣でも新旧でもなく、私たちが情報世界を探険するための、相補性を備えたプロセスやツールの違いにすぎないのだが。

本文中にも書いたとおり、私の意識をあらためて〈雑誌のカタチ〉へと向けてくれたきっかけのひとつは、まさしくGoogleを筆頭とする検索エンジンの高性能化だった。一ユーザーとしてその便利さに驚嘆しながら、ある日、私はふとこんなことを夢想した――もしも宇宙のどこかに、もともとデジタル化された情報を検索するメディアしか持たない文明があったとして、その住人たちが初めて雑誌というモノに出会ったらいったい何を思うのだろうか？……と（ちなみに最近は、ページをクリックすると「パラッ」と紙の摩擦音まで模倣しながら画面が切り替わる微笑ましいウェブマガジンやブラウザもあるが、複数ページを比較・参照するための使い勝手さなどに関しては、まだまだ紙には及ばない。いずれ「及んだ」としても、ただそれだけのことだろうが）。

そんな夢想の結論をここに晒す余裕も蛮勇もないけれど、とにかくそんなことを考え始めたところに、『季刊 本とコンピュータ』編集委員（当時）の津野海太郎氏に出会った。本文中にも登場するあの『ワンダーランド』（後の『宝島』。津野氏らが作った「最大のカタチ」と「最小のカタチ」との間を、同誌はめまぐるしく変遷することになる）の編集人でもあった人だ。そこからこの《雑誌のカタチ》という連載企画が始まるのは、まさしく偶然にして必然のものだった。

雑誌連載を進めるにあたっては、やはり『本とコンピュータ』編集委員（当時）の河上進氏のお手をさんざん煩わせていただいた。このテーマにふさわしい濃密な「カタチのドラマ」を持つ現役（一部は「広義の」）雑誌とインタビューイの選択から、取材調整、資料収集、原稿催促まで……。「カタチのドラマ」を演ずる厄介な役者（なにしろ一度決まったそのカタチを制御するのは、本文をお読みの通りなかなか難しいのである）でもある雑誌の演出者は、いわゆるアートディレクターよりも「広義の編集者」であるというコンセンサスが瞬時に固まったのも、河上氏の幅広く奥深い雑誌観の賜物である。それ自身が「期間限定プロジェクト」という独特のカタチを持った同誌の有終の美を飾れたか否かはともかく、そこに列席できたことを光栄に思う。そして御多忙にもかかわらず快く取材に応じてくださり、刺激と愛情に溢れる雑誌のカタチのドラマを語ってくださった方々にも、あらためて感謝したい。

それに書籍という新たなカタチを与えてくれたのは、工作舎の石原剛一郎氏と同社制作部・宮城安総氏と松村美由起さんである。ここでもまた雑誌と書籍のカタチの違いを、さまざまな意味であらためて再認識させられることになった。工作舎が発行していた『遊』というたまらなく蠱惑的な雑誌の読者であった身としては、これまた幸運な出会いに感謝したい気持ちでいっぱいである。

本書に登場する雑誌のみで〈雑誌のカタチ〉が語り尽くせるなどとは、もちろん思っていない。「あの雑誌はどうした？」「この雑誌を忘れちゃ困る」という〝こだわり誌〟が、きっとあなたにもあるだろう。あらゆる情報を貪欲に呑み込みながら、うつろいつつとどまり、とどまりつつうつろう「カタチなきカタチ」を持った雑誌という素敵なワンダーランドと、もう一度出会い直してみるためのひとまずの契機になれれば、本書としては幸いである。それはまた同時に、読者、エディトリアル・デザイナー、編集者、著者……と、さまざまなポジションで雑誌に育てられてきた私自身からの、ささやかな返礼でもある。そして、ついでに、読者、デザイナー、編集者、著者は「発掘」したり「獲得」したり「争奪」したりするものではなく、「育てる」ものであることを忘れてしまったように思える現在の雑誌への、ちょっと控え目なエールでもある。では、良い雑誌を！

山崎浩一

二〇〇六年六月

●主要参考文献

『イカす！雑誌天国』岡部敬史編（洋泉社・二〇〇一年）
『生きのびるためのデザイン』V・パパネック著／阿部公正訳（晶文社・一九七四年）
『ウェブ進化論』梅田望夫著（筑摩書房・二〇〇六年）
『及川正通イラストレーションの世界』及川正通著（ぴあ・一九八六年）
『「キング」の時代——国民大衆雑誌の公共性』佐藤卓己著（岩波書店・二〇〇二年）
『かたち誕生——図像のコスモロジー』杉浦康平著（NHK出版・一九九七年）
『グーグル Google——既存のビジネスを破壊する』佐々木俊尚著（文藝春秋・二〇〇六年）
『グーテンベルク銀河系の終焉——新しいコミュニケーションのすがた』N・ボルツ著／識名章喜＋足立典子訳（法政大学出版局・一九九九年）
『現代風俗史年表——昭和20年（1945）〜平成12年（2000）』世相風俗観察会編（河出書房新社・二〇〇一年）
『講談社七十年史・戦後編』社史編纂委員会編（講談社・一九八五年）
『雑誌狂時代！』別冊宝島345（宝島社・一九九七年）
『雑誌づくりの決定的瞬間・堀内誠一の仕事』木滑良久編（マガジンハウス・一九九八年）
『雑誌と読者の近代』永嶺重敏著（日本エディタースクール出版部・一九九七年）
『雑誌の死に方』浜崎廣著（出版ニュース社・一九九八年）
『小学館の80年』小学館総務局社史編纂室編（小学館・二〇〇四年）
『証言構成 OHの肖像——大伴昌司とその時代』竹内博編（飛鳥新社・一九八八年）
『証言構成「ポパイ」の時代——ある雑誌の奇妙な航海』赤田祐一編（太田出版・二〇〇二年）
『情報誌的世界のなりたち』村上知彦著（思想の科学社・一九八九年）
『情報の歴史』松岡正剛／編集工学研究所編（NTT出版・一九九〇年）
『情報様式論』M・ポスター著／室井尚＋吉岡洋訳（岩波書店・二〇〇一年）
『創造の四十年——マガジンハウスのあゆみ』マガジンハウス編（マガジンハウス・一九八五年）
『誰のためのデザイン？——認知科学者のデザイン原論』D・A・ノーマン／野島久雄訳（新曜社・一九九〇年）
『戦争のグラフィズム——回想の「FRONT」』多川精一著（平凡社・一九八八年）

『デジタルを哲学する』黒崎政男著（PHP研究所・二〇〇二年）
『復刻「少年マガジン」カラー大図解――ヴィジュアルの魔術師・大伴昌司の世界』週刊少年マガジン編集部編（講談社・一九八九年）
『婦人公論の五十年』松田ふみ子編（中央公論社・一九六五年）
『文藝春秋七十年史――本篇』（文藝春秋・一九九一年）
『平凡パンチの時代』マガジンハウス編（マガジンハウス・一九九六年）
『ぼくたちの七〇年代』高平哲郎著（晶文社・二〇〇四年）
『バブル文化論――〈ポスト戦後〉としての一九八〇年代』原宏之著（慶應義塾大学出版会・二〇〇六年）
『堀内さん』堀内路子編（堀内事務所・一九九七年）
『文字の力』平野甲賀著（晶文社・一九九四年）
『歴史としての文藝春秋』金子勝昭著（日本エディタースクール出版部・一九九一年）
『ローリング・ストーン風雲録』R・ドレイパー著／林田ひめじ訳（早川書房・一九九四年）

◉初出一覧

序論 反懐古的雑誌論序説――「一歩先」の未来への予感：『季刊 本とコンピュータ』第二期6号（トランスアート・二〇〇二年冬）掲載記事を改稿
第1章『POPEYE』――読者の欲望を喚起する：同・第二期9号（二〇〇三年秋）掲載記事を加筆修正
第2章『少年マガジン』――ジャンル横断のグラフィズム：同・第二期10号（二〇〇三年冬）掲載記事を加筆修正　初出時資料協力：（株）コミックス、四至本アイ、香川眞吾
第3章『ぴあ』――過剰な誌面がもたらしたもの：同・第二期11号（二〇〇四年春）掲載記事を加筆修正　初出時資料協力：ぴあ株式会社
第4章『週刊文春』――〈集合無意識〉のデザイン力：同・第二期12号（二〇〇四年夏）掲載記事を加筆修正　初出時資料協力：株式会社文藝春秋
第5章『ワンダーランド』――新聞＋雑誌のハイブリッド：同・第二期13号（二〇〇四年秋）掲載記事を加筆修正
第6章『婦人公論』――世紀に一度の大リニューアル：同・第二期14号（二〇〇四年冬）掲載記事を加筆修正
第7章 小学館の学年誌――平面を立体にする「お家芸」：同・第二期15号（二〇〇五年春）掲載記事を加筆修正
第8章『クイック・ジャパン』――〈B6判マガジン〉が描いた夢：同・第二期16号（二〇〇五年夏）掲載記事を加筆修正

◉著者略歴

山崎浩一　Koichi Yamazaki

一九五四年横浜生まれ。早稲田大学政経学部卒。専攻ゼミは大衆社会論。所属の漫画研究会ではポップアートやパロディを研究。在学中よりアルバイトやミニコミ編集者として商業雑誌界の周辺を徘徊。「混ぜて欲しそうな素振り」が認められ、編集／エディトリアル・デザイン／イラストレーション等の汎用雑務家としてプロ生活に突入。主に『宝島』『POPEYE』等のカルチャー誌で活躍。八〇年代のカルチャーシーンを批評・図解し版下まで自作した『なぜなにキーワード図鑑』(『宝島』連載・冬樹社・新潮文庫)で書籍デビュー。多彩な紙誌に寄稿するコラムニスト／批評家として活動するかたわら、新聞書評委員なども務める。また書籍の装幀を手がける他、数誌の創刊準備スタッフとしても参加。現在も飽くことなく雑誌をメインステージに表現活動を継続中。著書に『退屈なパラダイス』『危険な文章講座』(以上筑摩書房)、『書物観光』『リアルタイムズ』(以上河出書房新社)、『情報狂時代』(小学館)、『平成CM私観』(講談社)、『複眼思考の独習帳』(学陽書房)、『千語一語物語』(実業之日本社)、『男女論』(紀伊國屋書店)、『だからこそライターになって欲しい人のためのブックガイド』(田村章＋中森明夫との共著・太田出版)などがある。近刊に『僕らはへなちょこフーリガン』(双葉社)他数点が予定されている。

雑誌のカタチ――編集者とデザイナーがつくった夢

発行日――二〇〇六年一〇月二五日
著者――山崎浩一
編集――石原剛一郎
エディトリアル・デザイン――宮城安総＋松村美由起
印刷・製本――株式会社精興社
発行者――十川治江
発行――工作舎　editorial corporation for human becoming
〒104-0052 東京都中央区月島1-14-7-4F
phone : 03-3533-7051　fax : 03-3533-7054
URL : http://www.kousakusha.co.jp
e-mail : saturn@kousakusha.co.jp
ISBN4-87502-398-7

本の美術誌

◆中川素子

中世キリスト教絵画から現代美術、マルチメディアまで、美術の視点から「本とは何か?」をたどる書物論。古今東西の美術家の本にまつわる30作品余を収録。朝日「天声人語」でも紹介。

●四六判上製●220頁●定価 本体2500円+税

表象の芸術工学

◆高山宏　杉浦康平＝編

視覚文化論＝表象論を喝破した高山宏の講義録。見世物、観相学、マニエリスム、ピクチャレスク、庭園、グロテスク、驚異の部屋など、次から次へと俎上に乗せて高山ワールドが炸裂する。

●A5判●308頁●本体2800円+税

ブロッケン山の妖魔

◆久野豊彦　嶋田厚＝編

大正、昭和初期に活躍した幻の幻想作家の、初の著作集。短編小説、詩、タイポグラフィーなどをはじめ貴重な資料を多数収録。川端康成に「新感覚表現」と評価されたモダニズム文学の全容。

●A5判変型上製●368頁●定価 本体2800円+税

記憶術と書物

◆メアリー・カラザース　別宮貞徳＝監訳

記憶力がもっとも重視された中世ヨーロッパでは、数々の記憶術が生み出され、書物は記憶のための道具にすぎなかった! F・イエイツの『記憶術』を超え、書物の意味を問う名著。

●A5判上製●540頁●定価 本体8000円+税

ビュフォンの博物誌

◆G-L・L・ビュフォン　荒俣宏＝監修　ベカエール直美＝訳

18世紀後半から博物学の全盛時代を導き、後世の博物図鑑に決定的な影響を与えた『博物誌』。全図版1123点3千余種をオールカラーで復刻、壮大なる自然界のパノラマが展開する。

●B5判変型上製●372頁●定価 本体12000円+税

映像体験ミュージアム・増補版

◆東京都写真美術館＝監修　森山朋絵＝企画／編集

「映像」への探究が現在の視覚文化の隆盛を創りだした。錯視、幻影、アニメーション、3D…映像史の流れを追い、「映像」の新たな可能性を提示する。カラー図版120点以上。

●菊判変型●180頁●本体2200円+税